Anja Küpper

WIR HABEN'S IN DER HAND!

Ein Praxisratgeber zur Mobbing-Prävention in der Kita

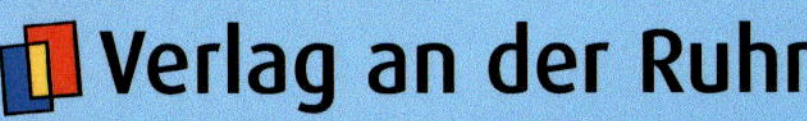

Titel

Wir haben's in der Hand!

Ein Praxisratgeber zur Mobbing-Prävention in der Kita

Autorin

Anja Küpper

Umschlag- und Kapiteldeckblattmotive

Julia Flasche

Lektorat

Sigrid Weber

Druck

Heenemann GmbH & Co. KG, Berlin, DE

Verlag an der Ruhr

Mülheim an der Ruhr

www.verlagruhr.de

Für pädagogische Fachkräfte in Kindertageseinrichtungen und Kindergärten

ISBN 978-3-8346-6429-7

INHALT

Gemeinsam
gegen
Mobbing!

MOBBING

VORWORT

Wie unschuldig, wie schutzbedürftig! Dieses Gefühl überkommt mich jedes Mal, wenn ich ein sehr kleines Kind beim Spiel beobachte. *Dem darf niemand seelisches Leid zufügen!*, ist mein nächster Gedanke. Und dabei weiß ich doch, dass das Leben hierfür keine Garantie gibt. Was ich leider auch weiß: Selbst im geschützten Raum der Kita kann es zu hässlichen Szenen und zu Kränkungen kommen, im Kindergarten und vor allem in der Schule viel zu oft auch zu Mobbing.

Ja, es passiert: Kinder, die Wertschätzung und Respekt verdient haben, werden in ihrer Würde verletzt – systematisch und über einen langen Zeitraum hinweg. Und es sind Kinder, die ebenso Wertschätzung und Respekt verdient haben, die andere Kinder systematisch und über einen langen Zeitraum in ihrer Würde verletzen.

Das Aufrüttelnde und gleichzeitig Beruhigende: Wir Erwachsenen haben es in der Hand! Denn die Gefahr von Mobbing droht nur dann, wenn wir Erwachsenen unserer Verantwortung nicht gerecht werden – wenn wir Kindern nicht die Bindungspersonen sind, die sie für eine gesunde Entwicklung brauchen, wenn wir ihre sozial-emotionalen Kompetenzen nicht angemessen fördern, wenn wir ihnen eine wertschätzende Haltung auf Augenhöhe verweigern.

Die große Leistung von Kita-Pädagog*innen[1] kann deshalb darin bestehen, schon bei den Kleinen Prävention zu betreiben, sie von Anfang an als gleichwürdig zu sehen, ihre Lebenskompetenzen zu stärken, ihnen die Wichtigkeit des „Wir-Gefühls" zu vermitteln und ihnen von Verhalten und Kommunikation her ein Vorbild zu sein, sodass sie als Größere und Große gar kein Bedürfnis verspüren, andere zu mobben.

Anja Küpper, von deren hervorragender Expertise ich mich als Herausgeberin des Buches „Vereint gegen Mobbing in der Schule" überzeugen durfte, legt hierfür die passende Publikation vor. Dies ist mir Freude und Beruhigung zugleich. Ja, man kann früh Prävention betreiben, man muss nicht erst warten, bis etwas ins Rollen kommt, was nur schwer zu stoppen, oft nie ganz zu heilen und für die Beteiligten für immer mit Scham verknüpft ist.

Ich wünsche mir und allen Leser*innen, dass das vorliegende Buch dazu beiträgt, in Kita und Kindergarten Mobbing den Nährboden zu entziehen, sodass diese Form der Gewalt auch später keine Chance hat.

Ihre Heidemarie Brosche

Friedberg, im August 2023

[1] Der Verlag an der Ruhr legt großen Wert auf eine geschlechtergerechte und inklusive Sprache. Daher nutzen wir das Gendersternchen, um sowohl männliche und weibliche als auch nichtbinäre Geschlechtsidentitäten einzuschließen. Alternativ verwenden wir neutrale Formulierungen.

EINFÜHRUNG

„Die Würde des Menschen ist unantastbar“, heißt es in Artikel 1 Absatz 1 unseres Grundgesetzbuches und *„Kinder müssen vor Gewalt [...] geschützt werden“* in der UN-Kinderrechtskonvention. Und genau deshalb müssen wir über Mobbing reden. Denn Mobbing ist nichts anderes als entwürdigende psychische (und zuweilen auch physische) Gewalt, die Grundrechte verletzt und dadurch die Entwicklung und die psychische Gesundheit der Opfer in gravierendem Ausmaß gefährdet.

In den allermeisten Fällen dient Mobbing den Täter*innen als Ventil für eigene Frustration, für unterdrückte Emotionen, für Langeweile oder für Druck und Überforderung. Häufig ist es Ausdruck davon, dass das Selbstwertgefühl an Kontrolle und Machtausübung geknüpft ist.

Wenn wir uns bewusst machen, dass Mobbing ein auffälliges Sozialverhalten seitens der Täter*innen und oft auch der Mitläufer*innen ist, wird schnell klar, dass eine Fokussierung auf die Opfer wenig Sinn macht. Deshalb richtet das vorliegende Buch den Blick auf die Motive der Täter*innen, die Rolle der Ermöglicher*innen sowie – und das ist zentral – auf die Verantwortung der involvierten Erwachsenen.

Fakt ist: Es sind wir Erwachsenen, die dem Phänomen „Mobbing“ den Nährboden entziehen können, und zwar indem wir die gesunde sozial-emotionale Entwicklung von Kindern unterstützen und uns entschieden schon gegen die Vorläufer von Mobbing positionieren.

Der vorliegende Praxisratgeber soll Ihnen helfen,
- das Phänomen „Mobbing“ und seine Ursachen besser zu verstehen,
- Möglichkeiten zur Prävention von Mobbing in Ihren pädagogischen Alltag zu integrieren und
- Sicherheit im Umgang mit Mobbing zu erlangen.

Kapitel eins beschäftigt sich zunächst mit einer Begriffsklärung, mit den beteiligten Personengruppen sowie mit den Folgen von Mobbing. Das **zweite Kapitel** widmet sich der sozial-emotionalen Entwicklung von Kindern, denn insbesondere das Wissen um die Bedeutung kindlicher Bedürfnisse und Bindungserfahrungen ist eine zentrale Voraussetzung dafür, Mobbing langfristig eindämmen zu können. Darauf aufbauend, lernen Sie im **dritten Kapitel** konkrete pädagogische Ansatzpunkte zur Prävention kennen. Die theoretischen Ausführungen werden immer wieder mit Beispielen veranschaulicht und durch Praxistipps ergänzt. Das abschließende **vierte Kapitel**, das Herzstück des Buches, ist dann ganz der Praxis gewidmet. Anhand von Fallbeispielen werden Sie mit vielfältigen Handlungsstrategien vertraut gemacht, wie Sie präventiv

gegen Mobbing vorgehen können und wie Sie Mobbing in Ihrer Gruppe frühzeitig erkennen und beenden können.

Über das ganze Buch verteilt, finden Sie Selbstreflexionsbögen zu den zentralen Themen, die Sie darin unterstützen, das Bewusstsein für Ihr eigenes Verhalten sowie das Verhalten der Kinder zu schärfen. Diese „Fragen an mich selbst" können Sie sowohl nur für sich selbst zur Reflexion als auch als Gesprächsanlass mit Kolleg*innen oder dem gesamten Team nutzen. Die Fragen sollen Impulse zu verschiedenen Themen geben und Sie einladen, sich mit Ihrer inneren Haltung sowie dem daraus resultierenden Verhalten zu beschäftigen – eine zentrale Voraussetzung, um Mobbing den Nährboden zu entziehen.

Das Buch bietet Ihnen also eine Fülle an Informationen, Methoden und konkreten Handlungsstrategien, die Sie in Ihrem pädagogischen Alltag bei der Prävention und Bewältigung von Mobbing unterstützen können. Sie werden feststellen, dass es viele Stellschrauben gibt, an denen Sie ansetzen können. Und darin wiederum liegt ein immenses Potenzial für genau die Veränderungen, die ja unser großes Ziel sind. Nehmen wir es also gemeinsam in die Hand!

Ihre
Anja Küpper

Kurz erklärt

Auf den Punkt gebracht:
Hier werden Ihnen die wesentlichen Aspekte eines Kapitels noch einmal „auf den Punkt" zusammengefasst.

Definitionen befinden sich zur besseren Übersicht immer in einem blauen Kasten.

Wichtige Hinweise finden Sie in den grünen Kästen.

Zur Veranschaulichung der theoretischen Inhalte finden Sie hier passende **Praxisbeispiele**.

Alle Vorlagen (Bogen zur Selbstreflektion, Geschichte „Mias Wut", Handlungsleitfaden zur kollegialen Fallbesprechung) stehen unter folgendem Link als Download zur Verfügung:

cloud.verlagruhr.de/lerninhalt/C6TXgwoVXj95/

Passwort: **Mobbing**

Wenn Sie die Kopiervorlagen auf Ihrem mobilen Endgerät (Handy, Tablet) aufrufen möchten, scannen Sie den oben stehenden QR-Code ab und öffnen Sie die Dateien. Wir empfehlen, die Dateien zeitnah zum Kauf des Produkts herunterzuladen, da der angegebene Link und der QR-Code ihre Gültigkeit verlieren können. Sollte dies der Fall sein, wenden Sie sich bitte an: *digitaleslernen@verlagruhr.de*

1 DAS PHÄNOMEN „MOBBING" VERSTEHEN

1 DAS PHÄNOMEN „MOBBING" VERSTEHEN

In den letzten Jahren ist der Begriff „Mobbing" (aus dem Englischen von „to mob somebody" = jemanden anpöbeln) so selbstverständlich in unseren Sprachgebrauch übergegangen, dass wir ihn ziemlich häufig benutzen. Andererseits sehen wir allzu oft weg, wenn wir es dann tatsächlich mit Mobbing zu tun haben. Und das, obwohl wir wissen, dass Mobbing immer häufiger und massiver auftritt und die Folgen für die Betroffenen gravierend sind. Um Missverständnissen vorzubeugen, sollten wir uns daher zunächst einmal um eine Begriffsklärung bemühen.

Eine Sache vorweg: auch, wenn Mobbing in Deutschland strafrechtlich gesehen noch eine Grauzone ist, verwende ich in diesem Buch die Formulierung „Täter*innen" für diejenigen Personen, von denen das Mobbing ausgeht. Diese Entscheidung habe ich vor allem deshalb getroffen, um die gravierenden Folgen von Mobbing in den Fokus zu rücken und nicht durch Umschreibungen (z. B. Mobbing-Akteur*innen) zu einer Verharmlosung des Phänomens „Mobbing" beizutragen.

Was ist Mobbing?

> Mobbing beschreibt eine spezifische, meist subtile Form von Gewalt, die wiederkehrend und über einen längeren Zeitraum hinweg ausgeübt wird. Ziel von Mobbing ist die Demütigung und/oder Isolierung eines bestimmten Mitglieds der Gruppe zur eigenen Selbstwerterhöhung (siehe Abb. 1: „Merkmale von Mobbing").

Durch die Erniedrigung und Ausgrenzung eines Opfers fühlen sich die Täter*innen stark und handlungsfähig, weshalb ein einmal begonnenes Mobbing in den seltensten Fällen wieder „von selbst" aufhört bzw. von den Täter*innen wieder beendet wird.

Doch wie und wann fängt Mobbing eigentlich an und wo liegt die Grenze zu normalen Reibereien oder Konflikten? Kinder können manchmal erschreckend gemein zueinander sein und verhalten sich im Streit auch mal unsozial anderen gegenüber. Vorfälle dieser Art geschehen in der Regel im Affekt, erfolgen ohne die bewusste Auseinandersetzung mit den Konsequenzen und sollten daher nicht überbewertet, wohl aber achtsam begleitet werden.

Sind es jedoch immer wieder dieselben Kinder, die in solche Situationen verwickelt sind, wird ein bestimmtes Kind wiederkehrend geärgert, ausgeschlossen oder unter Druck gesetzt und gibt es ein eindeutiges Machtgefälle, haben wir es mit einer Mobbingsituation zu tun. Und diese Situation muss umgehend aufgelöst werden.

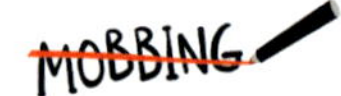

Als Hinweise für Mobbing in der Kita können alle Handlungen gezählt werden, die in die Kategorien Hänseln, Ärgern, Erpressen und Ausschließen fallen und den Zweck haben, den eigenen Selbstwert zu erhöhen oder das Gefühl von Selbstwirksamkeit zu stärken. In diesen Fällen gilt der Leitspruch: Mobbing darf sich nicht lohnen! (vgl. Mesner/Welsch 2021, S. 8). Das genaue Hinschauen ist also Pflicht!

Abb. 1: Merkmale von Mobbing

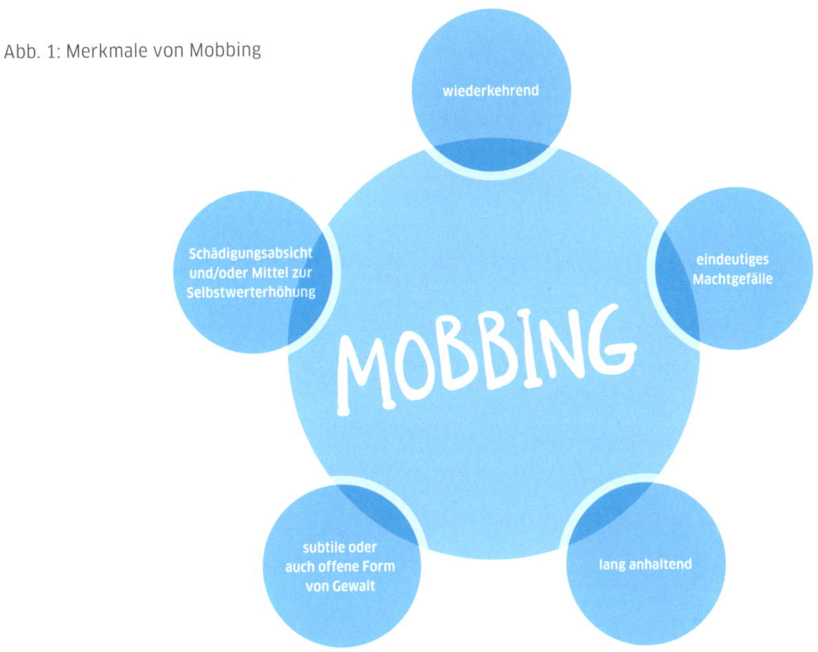

Konflikte, Streit oder Meinungsverschiedenheiten hingegen haben mit Mobbing wenig bis gar nichts zu tun. Ziel solcher Situationen ist es grundsätzlich, den Zwist aufzulösen und Kompromisse zu finden – ein Aspekt, der bei Mobbing (zumindest seitens der Täter*innen) nicht gegeben ist. Im Idealfall können die verschiedenen Parteien die Perspektive wechseln, Neues über sich selbst und andere lernen und an der Herausforderung, die der Konflikt bietet, wachsen – ein weiterer Aspekt, der bei Mobbing grundsätzlich fehlt.

Auf den Punkt gebracht:

Mobbing ist eine lang andauernde oder wiederkehrende Form von Gewalt, der ein ungleiches Machtverhältnis sowie eine Schädigungsabsicht bzw. das Motiv der eigenen Aufwertung zugrunde liegen. Wiederkehrendes Hänseln, Ärgern, Erpressen oder Ausschließen sind Anzeichen für beginnendes Mobbing.

Formen von Mobbing

Mobbing ist selten offensichtlich, sodass das Aufdecken und das frühzeitige Eingreifen eine große Herausforderung für die verantwortlichen Erwachsenen darstellen. Beginnendes Mobbing wahrzunehmen, erfordert Fingerspitzengefühl und die Bereitschaft, genau hinzusehen. Folgende Formen von Mobbing können dabei unterschieden werden:

Verbales Mobbing

Werden Kinder mehrfach und über einen längeren Zeitraum verspottet und durch Beleidigungen oder Hänseleien vor der Gruppe bloßgestellt, so sprechen wir von verbalem Mobbing. Auch das Androhen körperlicher Gewalt fällt in diese Kategorie.

Soziales Mobbing

Wird hinter vorgehaltener Hand getuschelt, werden Gespräche in Gegenwart des Opfers absichtlich eingestellt, wird das Opfer konsequent ausgeschlossen oder zu Unrecht beschuldigt und/oder werden hinter seinem Rücken Gerüchte und Lügen verbreitet, so sprechen wir von sozialem Mobbing. Ebenso wie beim verbalen Mobbing gibt es bei dieser Form von Mobbing keine körperlichen Übergriffe. Die Verletzungen sind nach außen hin nicht sichtbar.

Physisches Mobbing

Unter körperliches Mobbing fallen das gestellte Bein, das scheinbar unabsichtliche Anrempeln, die vorsätzlich vor der Nase zugeknallte Tür oder der Schubser von hinten. Gerade im Kindergartenalter ist es nicht immer leicht, zu unterscheiden, ob eine Absicht, Impulsivität oder eine Unachtsamkeit hinter dem Vorfall steht, sodass ein genaues Beobachten enorm wichtig ist. Physisches Mobbing kann sich auch in heftigerer Form zeigen: als Tritte, Schläge und Würgeattacken. Wenn im Kindergarten ein solches Verhalten auftritt, müssen die verantwortlichen Erwachsenen schnell und effektiv handeln.

Cybermobbing

Das Verbreiten von Gerüchten, Unwahrheiten und erniedrigenden Fotos oder Fotomontagen ist heute über die sozialen Medien leichter denn je. Von Cybermobbing spricht man, wenn es um die Beleidigung, Bedrohung, Bloßstellung oder Belästigung

von Personen mithilfe von Kommunikationsmedien, wie etwa Smartphones, E-Mails, Chats etc., geht. Im Kindergarten existiert diese Form des Mobbings noch nicht, sie soll aber der Vollständigkeit halber genannt werden. Da das Internet darüber hinaus die Möglichkeit zu Anonymität bietet, ist Cybermobbing unter Jugendlichen stark im Vormarsch. Im Unterschied zum verbalen, sozialen und physischen Mobbing, das sich auf die Zeit in der Kita bzw. der Schule beschränkt und dem Opfer wenigstens im privaten Umfeld eine Erholungspause lässt, ist Cybermobbing rund um die Uhr möglich. So potenziert sich der Leidensdruck für die Betroffenen oft noch einmal deutlich.

Folgen von Mobbing

Unabhängig davon, ob ein Kind durch Mobbing verbal, sozial, körperlich oder durch das Bloßstellen in den sozialen Medien attackiert wird, und egal ob es direkt oder indirekt ausgeführt wird: Mobbing stellt immer eine enorme Belastung für das Opfer und einen gravierenden Risikofaktor für Entwicklungsauffälligkeiten und/oder psychische Erkrankungen dar.

Im Jahr 2010 konnten australische Psychiater*innen erstmals belegen, dass Mobbing nicht nur kurzfristig zu sozialem Rückzug und Einsamkeit, zu nachlassenden Schulleistungen und zu Depression führt, sondern auch langfristig gravierende Folgen haben kann. Inzwischen wissen wir, dass Mobbingopfer sogar noch bis ins hohe Erwachsenenalter hinein ein 3-mal erhöhtes Suizidrisiko aufweisen als Personen, die nie gemobbt wurden (vgl. MS 2011, S. 25). Und wird Mobbingopfern die notwendige Hilfe verwehrt, so steigt je nach Temperament auch das Risiko, dass sie zu einem späteren Zeitpunkt selbst zu Täter*innen werden.

Doch warum trifft uns Mobbing in unseren Grundfesten? Warum hat es eine so zerstörerische Kraft? Um das zu verstehen, müssen wir bis in die Steinzeit zurückschauen, in eine Zeit, in der wir Menschen noch keine Individualist*innen waren, sondern soziale Rudeltiere. Ein Mammut ließ sich damals nur gemeinsam erlegen, nur zusammen konnte man der Kälte trotzen und auch dem Säbelzahntiger begegnete man besser nicht allein. Der Ausschluss aus der Gemeinschaft kam damals also einem Todesurteil gleich. Zumindest genetisch gesehen, sind wir noch dieselben wie vor Abertausenden von Jahren. Die immense Bedeutung von Zugehörigkeit zu einer Gruppe ist nach wie vor in unseren Genen gespeichert und stellt eines der zentralen menschlichen Grundbedürfnisse dar. Wird ein Mobbingopfer also von der Gruppe isoliert, so entstehen auf einer ganz basalen Ebene Gefühle von Bedrohung, Hilflosigkeit, Schutzlosigkeit und Ausgeliefertsein – ganz so, als lauere der Säbelzahntiger noch immer hinter der nächsten Ecke.

Die Zugehörigkeit zu anderen Menschen ist eines der wichtigsten menschlichen Grundbedürfnisse und daher von existenzieller Bedeutung! Beim Mobbing werden Menschen jedoch sozial isoliert bzw. ausgeschlossen und von Mitgliedern der Gemeinschaft abgewertet.

Mobbing ist also grundsätzlich ein Gruppenphänomen. Im Englischen bedeutet das Wort „mob" als Substantiv übrigens so viel wie „aufgewiegelte Volksmenge", was diesen Aspekt des Mobbings noch einmal verdeutlicht.

Die Täter*innen sind innerhalb der Gruppe die treibenden Kräfte. Doch nur dann, wenn die „Rudelführer*innen" (in der Kita sind das Sie!) und der Rest der Gruppe das unsoziale Verhalten dulden oder gar verstärken, kann Mobbing entstehen.

Auf den Punkt gebracht:

Mobbing verletzt die Würde und damit die Grundrechte eines Menschen. Die Verantwortung für das unsoziale, entwürdigende Verhalten liegt nicht bei den Opfern, sondern bei den Täter*innen und den anderen beteiligten Personen einer Gruppe! Die Auswirkungen für die Betroffenen sind gravierend und gefährden eine gesunde sozial-emotionale bzw. psychische Entwicklung. Im Folgenden sind mögliche Auswirkungen noch einmal im Überblick dargestellt:

- geringes Selbstwertgefühl
- Einsamkeit, Rückzug und Isolation
- Schlafstörungen und Albträume
- Traurigkeit
- Depression
- Erschöpfung
- Appetitlosigkeit und Ess-Störungen
- psychosomatische Beschwerden, wie Bauch- oder Kopfschmerzen
- Leistungsrückgang und Schulverweigerung
- Suizidgedanken

Beteiligte Personengruppen

Mobbing ist Ausdruck einer bestimmten Gruppendynamik. Eine Reduzierung auf eine Täter*innen-Opfer-Problematik vermag das Phänomen „Mobbing“ von daher nicht zu erfassen. Am Mobbingprozess sind grundsätzlich verschiedene Personengruppen beteiligt.

Die Opfer

(auch „von Mobbing betroffene Personen“ genannt)

Grundsätzlich kann jedes Kind (und im Übrigen auch jede*r Erwachsene) zum Mobbingopfer werden. Manchmal suchen sich Täter*innen besonders schüchterne und scheinbar wehrlose Kinder aus, manchmal fühlen sie sich aber auch durch besonders meinungsstarke Kinder provoziert. Als Fachkraft muss man sich jedoch immer wieder klarmachen:

Mobbing ist nicht die Schuld der Opfer!

Die Verantwortung liegt bei den Täter*innen. Dennoch hält sich weiterhin der Irrglaube, dass die Opfer nicht ganz unschuldig sind: Sie hätten doch bestimmt etwas falsch gemacht, seien nicht wehrhaft genug oder zu meinungsstark, hätten eine spezifische Angriffsfläche geboten oder in anderer Weise provoziert. Als Fachkraft ist es hier wichtig, diesen Kindern zu vermitteln, dass sie nichts falsch gemacht haben, dass es sich um eine Aggression von außen handelt, die nicht geduldet wird. Da es ein eindeutiges Machtgefälle zugunsten der Täter*innen gibt, liegt es auch nicht in der Hand der Opfer, das Mobbing zu beenden. Häufig fällt es den Opfern aufgrund von Scham oder Angst vor einer Verschlimmerung des Problems schwer, sich Hilfe suchend an das Umfeld zu wenden. Doch je länger das Opfer wartet, sich jemandem anzuvertrauen, und je zögerlicher das Umfeld auf das Hilfegesuch reagiert, umso schwieriger wird es, das Mobbing und seine Folgen zu unterbinden bzw. abzumildern.

Für die Verarbeitung sowie das Selbstwertgefühl der Opfer spielt es eine große Rolle, ob die verantwortlichen Erwachsenen schnell und konsequent Stellung bezogen haben und ob das Kollektiv die Demütigung geduldet oder gar unterstützt hat.

Die verteidigenden Personen

Verteidigende Kinder, die in der Mobbingsituation Zivilcourage beweisen, sind in der Regel selbstsichere und selbstbewusste Kinder, die über einen ausgeprägten Gerechtigkeitssinn und ein hohes Maß an Empathie verfügen. Sie nehmen das Machtungleichgewicht wahr, durchschauen das Handlungsmuster der Täter*innen und wollen die Verletzung der Integrität bzw. der Würde des Opfers nicht dulden. Darüber hinaus ist das Wir-Gefühl dieser Kinder so stark ausgeprägt, dass sie das Verhalten der Täter*innen als Angriff auf das Gesamtgefüge verstehen.

Man kann zwei Gruppen von verteidigenden Kindern unterscheiden: Es gibt eine Gruppe, die im Affekt reagiert und sich im Anschluss vor der Rache der Täter*innen fürchtet. Die andere Gruppe von Kindern handelt überlegt und bietet den Täter*innen offensiv die Stirn. In beiden Fällen ist es von enormer Bedeutung, dass die verantwortlichen Erwachsenen unterstützend eingreifen, damit diese Form der Zivilcourage belohnt wird und keine weiteren Mobbingopfer zur Folge hat.

> ! Kinder im Alter von unter fünf Jahren sind zu dieser Art der Verantwortungsübernahme in der Regel noch nicht in der Lage, sodass wir ein dementsprechendes Verhalten frühestens ab dem Vorschulalter erwarten können. Umso wichtiger ist in der Kita die Rolle der verantwortlichen Erwachsenen!

Die Ermöglicher*innen

*(auch „Mitläufer*innen" genannt)*

Die sogenannten Ermöglicher*innen oder Mitläufer*innen sind Kinder, die aus unterschiedlichen Motiven heraus nichts gegen das Mobbing tun, dessen Zeug*innen sie werden. Sie können in eine aktive und eine passive Gruppe unterteilt werden.

In der **aktiven Gruppe** finden wir die Bewunderer*innen, die den Täter*innen als Verstärker*innen oder Assistent*innen dienen. Sie lachen, applaudieren oder bestärken die Täter*innen durch Kommentare, mitunter lassen sie sich auch zu Handlanger*innen funktionalisieren und mobben dann ebenfalls aktiv mit. Sie wollen den Täter*innen gefallen und sind es gewöhnt, sich vermeintlich stärkeren Individuen unterzuordnen, weil ihnen das ein Gefühl von Sicherheit vermittelt.
Zu den Täter*innen sehen sie als starke Leitfiguren und Vorbilder auf und orientieren sich an deren Wertesystemen. Ihre Motive sind in erster Linie Gefühle von Macht, Stärke und Schutz, die sie im Schatten der Täter*innen genießen. Weitere Komponenten sind der Stolz, zur „Gewinnerseite" zu gehören, sowie die Möglichkeit, die moralische Verantwortung an die vermeintlich starken Täter*innen abgeben zu können.

In der **passiven Gruppe** sind die wegschauenden Kinder zu finden. Häufig haben sie Mitleid mit den drangsalierten Kindern, doch durch ihr Stillschweigen unterstützen sie ebenfalls die Täter*innen. Ihnen fehlt es schlichtweg an Mut, sich zu äußern, und sie haben Hemmungen, sich öffentlich zu positionieren. Vor allem haben sie Angst, sich zu blamieren oder gar selbst in die Schusslinie zu geraten, oder sie fühlen sich der Konfrontation mit den Täter*innen nicht gewachsen. Fehlt dann eine vertrauensvolle Beziehung zu den verantwortlichen Erwachsenen, so verstecken sich diese Kinder lieber in der Unsichtbarkeit der Gruppe und hoffen darauf, dass jemand anderes eingreift. Hinzu kommt, dass vor allem Kinder und Jugendliche noch leicht zu beeinflussen sind, wenn es um die Übernahme einer Meinung geht. Die Idee, dass es ja nicht so schlimm sein kann, wenn niemand etwas tut, erhöht in diesem Zusammenhang ebenfalls die Hürde, als Einzelperson Verantwortung zu übernehmen.
Sowohl die aktiven als auch die passiven Ermöglicher*innen unterstützen die Täter*innen und schwächen die Position der Opfer. Nur eine große Gruppe an Ermöglicher*innen sorgt für die Vormachtstellung der Täter*innen.

Die verantwortlichen Erwachsenen

Die verantwortlichen Erwachsenen nehmen im Mobbingprozess die zentrale Rolle ein, denn nur sie können ein einmal begonnenes Mobbing wieder auflösen! Die Erzieher*innen sind die normgebende Kraft der Gruppe, leben die angestrebten Werte vor, legen die Gruppenregeln fest und achten auf deren Einhaltung. Als Führungsperson geben sie vor, welche Verhaltensweisen wertgeschätzt werden und welche unerwünscht sind und ab wann eine Grenze als überschritten gilt. Durch ihre Art der Kommunikation und Interaktion prägen sie das soziale Miteinander in der Gruppe und sind verantwortlich für die Atmosphäre sowie für das vorherrschende Wir-Gefühl.
Sie als Erzieher*in sind also Vorbild und Führungsperson und in dieser Rolle steuern Sie, inwieweit problematischen Verhaltensweisen eine Plattform geboten wird, und zwar je nachdem, wie klar Sie sich dagegen positionieren und wie verlässlich und berechenbar Sie reagieren. Des Weiteren obliegt es Ihnen, zu entscheiden, ob Sie bei unsozialem bzw. entwürdigendem Verhalten nur das Symptom bekämpfen oder auch die Ursache dafür herausfinden wollen.

Die Täter*innen

*(auch „Mobbing-Akteur*innen" oder „Mobber*innen" genannt)*

Aber was sind das eigentlich für Kinder, die zu Mobbingtäter*innen werden? Welche Motive bringen sie dazu, andere Kinder derart auszugrenzen, zu beleidigen und zu erniedrigen?

Den Prototyp eines mobbenden Kindes gibt es zwar nicht, doch haben die Täter*innen in der Regel eines gemeinsam: Sie geben Druck weiter, unter dem sie selbst leiden. Dieser Druck kann durch ungünstige Beziehungsmuster und/oder Rollenvorbilder im Elternhaus, durch Frustration aufgrund eigener unerfüllter Bedürfnisse oder auch durch Schwierigkeiten in der Emotionsregulation und Impulskontrolle entstehen. Manchmal werden auch ehemalige Opfer zu Täter*innen. Ein Ziel des unsozialen Verhaltens ist das beruhigende Gefühl, die Lage bzw. eine Situation im Griff zu haben und eine Form von Anerkennung von der Gruppe zu bekommen. Der hohe soziale Status gibt den Täter*innen dabei ein Gefühl von Selbstwirksamkeit sowie eine Art Hochgefühl, selbst nicht angreifbar zu sein. Durch das Ausüben von Kontrolle, Macht und Unterdrückung fühlen sie sich selbst stark, sicher und bedeutsam. Das Mitgefühl für die Opfer wird zu diesem Zweck abgespalten und der Fokus einzig und allein auf die eigenen Bedürfnisse nach Selbstwirksamkeit, Kontrolle, Anerkennung und Selbstwerterhöhung gerichtet. Auf der Suche nach der Erfüllung eigener Bedürfnisse wird Mobbing so ein Mittel zum Zweck. Und genau hier können wir ansetzen!

Auf den Punkt gebracht:

Wenn es zu Mobbing kommt, liegt die Schuld für die Situation nicht bei den Opfern. Mobbing dient der Selbstwerterhöhung der Täter*innen. Dies erfahren sie durch Gefühle von Überlegenheit sowie in Form von Anerkennung durch andere. Mobbing wird nur dann möglich, wenn es eine große Gruppe von Ermöglicher*innen gibt, die den Täter*innen eine Plattform bieten, sowie erwachsene Führungspersonen, die ihrer Verantwortung nicht gerecht werden.

2 DIE SOZIAL-EMOTIONALE ENTWICKLUNG VON KINDERN

... und ihre Bedeutung für das Phänomen „Mobbing“

2 DIE SOZIAL-EMOTIONALE ENTWICKLUNG VON KINDERN

... und ihre Bedeutung für das Phänomen „Mobbing“

Die Spitze des Eisbergs ist das, was wir sehen. Doch viel bedeutsamer ist das, was wir nicht sehen, also all das, was sich unter der Wasseroberfläche befindet. Wollen wir verstehen, warum es immer häufiger und immer massiver zu Mobbing kommt und wie wir präventiv dagegen vorgehen können, so müssen wir uns auch mit dem auseinandersetzen, was wir nicht auf den ersten Blick sehen, was aber dafür sorgt, dass Kinder bestimmte Verhaltensweisen zeigen. Konkret heißt das: Wir müssen uns mit der Entwicklung von Kindern in den so bedeutsamen ersten Lebensjahren beschäftigen. Denn hier wird das Fundament für eine gesunde sozial-emotionale Entwicklung gelegt, deren positiver Verlauf wiederum die Grundvoraussetzung dafür darstellt, dass Mobbing nicht als Ventil gebraucht wird.

Kindliche Bedürfnisse

Um zu verstehen, welche Faktoren für eine ungestörte Entwicklung notwendig sind, widmen wir uns zunächst einmal den kindlichen Grundbedürfnissen. Denn Fakt ist: Genau die sind der Motor der kindlichen Entwicklung.

Abraham Maslow, einer der bedeutendsten US-amerikanischen Psychologen des letzten Jahrhunderts, beschäftigte sich intensiv mit der Rolle von Bedürfnissen und entwickelte das Modell der bekannten Bedürfnispyramide (siehe Abb. 2). Die wichtigste Erkenntnis: Die verschiedenen Bedürfnisse stehen in einer hierarchischen Beziehung zueinander und ihre Erfüllung ist grundlegend für die gesunde kindliche Entwicklung.

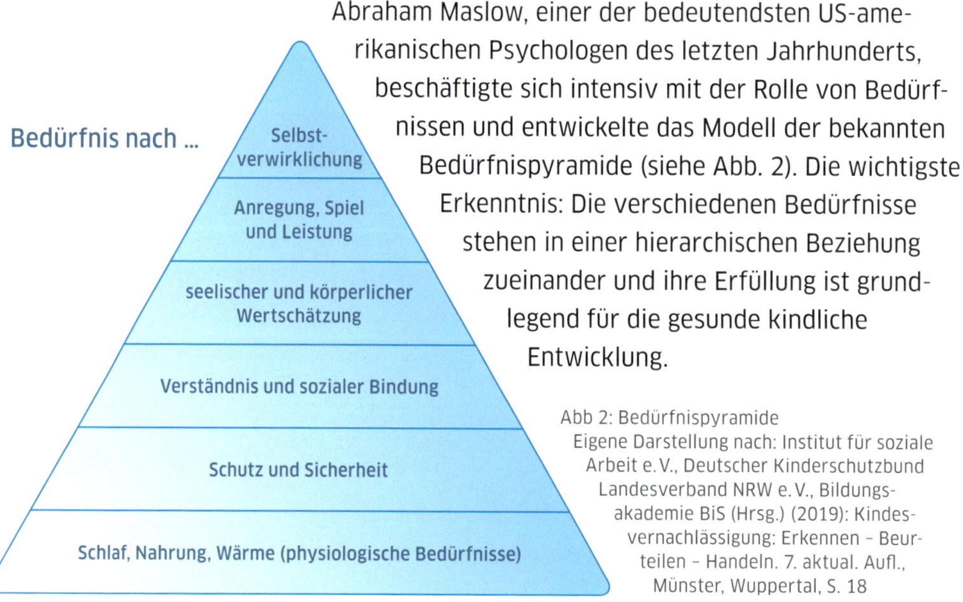

Abb 2: Bedürfnispyramide
Eigene Darstellung nach: Institut für soziale Arbeit e. V., Deutscher Kinderschutzbund Landesverband NRW e. V., Bildungsakademie BiS (Hrsg.) (2019): Kindesvernachlässigung: Erkennen – Beurteilen – Handeln. 7. aktual. Aufl., Münster, Wuppertal, S. 18

Die beiden untersten Stufen beziehen sich vor allem auf existenzielle Bedürfnisse, wie Schlaf und Nahrung, Gewalt- und Angstfreiheit sowie Schutz vor Kälte und Witterung. Die Befriedigung dieser Bedürfnisse sichert das Überleben eines Menschen und ist Voraussetzung für die weitere Entwicklung. Die darauf aufbauenden Defizitbedürfnisse sind Bindungs- bzw. Beziehungsbedürfnisse und zeigen die Notwendigkeit sozialer Beziehungen für eine ungestörte Entwicklung. Konkret gemeint sind die Bedürfnisse nach Verständnis, nach Geborgenheit und liebevoller Zuwendung, nach Verbundenheit und Zugehörigkeit sowie nach sozialer Akzeptanz, Anerkennung und emotionaler wie körperlicher Wertschätzung. Sind diese Bedürfnisse gestillt, können sich die sogenannten Wachstumsbedürfnisse entwickeln. Darunter fallen Bedürfnisse nach Anregung, Spiel, Leistung, Autonomie und Selbstverwirklichung. Von einem Kind eine hohe Leistungsbereitschaft zu fordern, wenn seine grundlegenden Bedürfnisse nicht ausreichend befriedigt werden (beispielsweise, wenn ein Kind Gewalt erlebt und/oder von seinen Eltern emotional vernachlässigt wird), ist demnach widersinnig. Mehr noch: Die Nichtbefriedigung von Grundbedürfnissen erhöht das Risiko für physische und psychische Beeinträchtigungen gravierend.

Die oben genannten Bedürfnisse unterliegen einer hierarchischen Ordnung. Erst wenn die existenzsichernden Bedürfnisse sowie die sozialen bzw. Bindungsbedürfnisse gestillt sind, können sich Wachstumsbedürfnisse entwickeln.

Zu beachten ist, dass zwar alle Kinder grundsätzlich die gleichen Bedürfnisse haben, diese jedoch in unterschiedlicher Ausprägung und Gewichtung relevant sind. Bedürfnisse können bewusst und unbewusst, langfristig oder kurzfristig bedeutsam, eng verknüpft mit der allgemeinen Lebenssituation und/oder von gewissen Phasen oder auch von der Tagesform abhängig sein. Für die pädagogische Arbeit von zentraler Bedeutung ist folgende Erkenntnis:

Hinter jedem Verhalten und hinter jeder Gefühlsäußerung steckt ein befriedigtes oder unbefriedigtes Bedürfnis. Befriedigte Bedürfnisse rufen positive Gefühle hervor, unerfüllte Bedürfnisse hingegen negative Gefühle. Je grundlegender ein Bedürfnis ist, umso intensiver sind auch die damit verknüpften Gefühle und umso größer die emotionale Not, wenn es nicht erfüllt wird.

Ihre Aufgabe als Erzieher*in ist es an dieser Stelle, das unerfüllte Bedürfnis zu entschlüsseln, das sich in der Gefühls- oder Verhaltensäußerung zeigt. Denn nur so können Sie das Kind adäquat in seiner sozial-emotionalen Entwicklung unterstützen und ihm beim Erreichen der nächsten Entwicklungsstufe helfen.

So fühlen sich Kinder (und Erwachsene), wenn ihre Bedürfnisse erfüllt werden:	So fühlen sich Kinder (und Erwachsene), wenn ihre Bedürfnisse unerfüllt bleiben:
fröhlich, unbeschwert, erleichtert, ausgeglichen, zuversichtlich, motiviert, zufrieden, sicher, ruhig, frei, mutig, lebendig, inspiriert, friedlich …	*ängstlich, wütend, deprimiert, durcheinander, sorgenvoll, hilflos, nervös, traurig, unter Druck, unruhig, verzweifelt, erschöpft, aggressiv und streitlustig, entmutigt …*

vgl. Rosenberg 2016, S. 54 ff.

Unsere Gefühle, die durch unerfüllte oder erfüllte Bedürfnisse entstehen, korrelieren mit unseren Gedanken, beeinflussen unsere Wahrnehmung und Interpretationen und haben somit gravierenden Einfluss auf unser Verhalten. Machen wir uns bewusst, dass Mobbing oft ein Ventil für das Ausleben unterdrückter Emotionen ist, so wird deutlich, dass unbefriedigte Bedürfnisse eine der Ursachen für dieses Phänomen darstellen (siehe Abb. 3: „Verhaltenskette bei erfüllten und bei unerfüllten Bedürfnissen“).

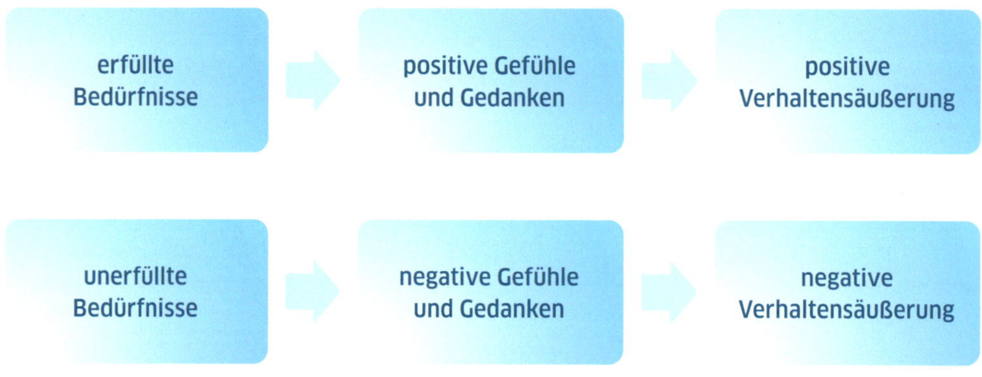

Abb 3: Verhaltenskette bei erfüllten und bei unerfüllten Bedürfnissen

Im Folgenden wollen wir uns nun mit dem kindlichen Bedürfnis auseinandersetzen, das den größten Effekt auf die gesunde Entwicklung von Kindern hat: die Bindung zu seinen erwachsenen Bezugspersonen.

Auf den Punkt gebracht:

Alle Kinder haben die gleichen Grundbedürfnisse, die (zu großen Teilen unbewusst) ihr Verhalten steuern. Seit der Veröffentlichung der Maslowschen Bedürfnispyramide gehen wir davon aus, dass diese Bedürfnisse einer hierarchischen Ordnung folgen und Kinder erst dann Interesse an der nächsten Entwicklungsstufe entwickeln können, wenn die darunterliegenden Bedürfnisse erfüllt werden. Dies liegt vor allem daran, dass unbefriedigte Bedürfnisse negative Gefühle nach sich ziehen und erfüllte Bedürfnisse zu positiven Emotionen führen. Diese positiven Emotionen sorgen dann für sozial-emotionale Stabilität und treiben als Motor das Erreichen des nächsten Entwicklungsschrittes an.

Bindung als zentrales Bedürfnis

„Jetzt bin ich verwirrt“, sagte einmal eine Praktikantin zu mir, als ich mit ihr über die große Bedeutung der frühen Bindung sprach. „Ich dachte bis gerade, die existenziellen Bedürfnisse seien die wichtigsten.“ Natürlich war dieser Einwand berechtigt, denn ohne Nahrung können wir nicht existieren – eine sichere Bindung hin oder her. Da wir als Säuglinge aber in eine Abhängigkeit zu anderen Menschen hineingeboren werden, sind wir schlichtweg darauf angewiesen, dass Eltern oder andere Bezugspersonen diese Existenzgrundlage für uns sichern. Und der Grund, warum sie alles in ihrer Macht Stehende tun, um unsere basalen Grundbedürfnisse zu erfüllen, ist die Bindung! Doch wie entsteht diese eigentlich?

Beginnend mit der Prägungsbindung (auch Bonding genannt), die sich in der Schwangerschaft und direkt nach der Geburt herausbildet, knüpft sich, vom Bindungshormon Oxytocin gesteuert, ein Band zwischen Eltern und Kind, das wir Bindung nennen. Diese Bindung geht mit Gefühlen von Verbundenheit, körperlicher sowie emotionaler Wertschätzung, Geborgenheit und Vertrauen einher. Erinnern wir uns an die Sache mit der Zugehörigkeit zu anderen Menschen und dem Säbelzahntiger. Verbundenheit bzw. Bindung bedeuteten für unsere Vorfahren Schutz vor Gefahren und somit weniger Stress. Andersherum heißt das: Wird ein Kind schon vorgeburtlich kontinuierlich mit Stresshormonen konfrontiert, beispielsweise weil die Mutter in der Schwangerschaft stark belastet ist, verläuft die Geburt traumatisch und/oder reagieren die Bezugspersonen nicht adäquat auf die Bedürfnisse und inneren Zustände eines Kindes, so schwächt dies das Bindungssystem und prägt das Stressverarbeitungssystem im Sinne einer erhöhten Empfindsamkeit. Ein funktionierendes System der Bindungshormone hingegen dämpft das Stresssystem und sorgt so dafür, dass ein Mensch besser mit seinen Emotionen sowie mit Herausforderungen, Belastungen und negativen Erfahrungen umgehen kann.

Daher ist es von zentraler Bedeutung für das gesamte soziale Leben eines Menschen, welche Bindungserfahrungen er vorgeburtlich, direkt nach der Geburt und im Verlauf seiner Kindheit macht. Dabei kommt es insbesondere darauf an, ob Bezugspersonen

- verlässlich agieren und für ein Kind vorhersehbar bzw. einschätzbar sind.
- feinfühlig auf die kindlichen Signale eingehen.
- für ein Kind nachvollziehbar handeln bzw. ihre Beweggründe erklären.
- die Bedürfnisse der Kinder berücksichtigen und Verständnis und Empathie zeigen.
- auch ihre eigenen Bedürfnisse berücksichtigen und ein Vorbild in Sachen Selbstfürsorge und Authentizität sind.
- auf Augenhöhe und gewaltfrei kommunizieren und ihre Macht nicht einsetzen bzw. ausnutzen (Stichwort Adultismus).
- einen bedürfnisorientierten, von Gleichwürdigkeit geprägten Erziehungsstil leben.
- Hilfe bei der Emotionsregulation (Co-Regulation) anbieten, d. h.
  - Emotionen spiegeln,
  - Emotionen benennen,
  - trösten und Beistand leisten,
  - die Situation und die entstandenen Gefühle erklären,
  - authentisch mit eigenen Emotionen umgehen.

Die sichere Bindung

Abhängig davon, wie gut die Anpassung zwischen kindlichem Bindungsverhalten und intuitivem Elternverhalten gelingt und wie verlässlich die Bezugspersonen Hilfe zur Emotionsregulation anbieten, entwickeln sich verschiedene Bindungsstile oder Bindungsqualitäten.

In der Bindungsforschung unterscheidet man vier verschiedene Bindungstypen:

- den **sicheren** Bindungstyp
- den **unsicher-vermeidenden** Bindungstyp
- den **unsicher-ambivalenten** Bindungstyp
- die **desorganisierte** Bindung

vgl. Grossmann/Grossmann 2003, S. 102 ff.

Für dieses Buch reicht es, wenn wir uns verdeutlichen, dass die sichere Bindung der erstrebenswerte Bindungsstil ist und die anderen drei Bindungstypen mit Verunsicherung, Ängsten und Problemen mit Vertrauen sowie Nähe und Distanz zusammenhängen. Darüber hinaus gibt es eine Kopplung zwischen dem Bindungsverhalten eines Kindes und seinem altersentsprechenden Explorationsverhalten. Die Bezugspersonen fungieren dabei als Basis, von der aus das Kind zur Erkundung seiner Umwelt aufbricht und zu der es immer wieder zurückkehrt. Je sicherer die Bindung ist, umso ausgeprägter ist der Erkundungsdrang und umso ungestörter die Entwicklung eines Kindes (vgl. Grossmann/Grossmann 2003, S. 28 ff.).

Kinder, die kontinuierlich positive Bindungserfahrungen machen, wissen, dass ihre Bezugspersonen ihnen Schutz oder emotionale Nähe bieten, sobald sie dies brauchen. Sicher gebundene Kinder sind in der Folge grundsätzlich offener, aufgeschlossener und kooperationsbereiter als Kinder, deren Bindungsverhalten unsicher ist. Darüber hinaus haben sie eine längere Aufmerksamkeitsspanne und eine höhere Frustrationstoleranz, sind wissbegierig und haben mehr Fantasie. Sie haben einen guten Zugang zu ihren eigenen Emotionen, eine hohe Selbstwahrnehmungskompetenz, eine positive Selbstwirksamkeitserwartung, ein höheres Selbstwertgefühl und ein ausgeprägteres Mitgefühl. In sozialen Situationen verhalten sie sich angemessener als Kinder, die ungünstige Bindungserfahrungen machen mussten und als unsicher gebunden eingestuft werden können (vgl. Strüber 2016, S. 122 f.).

Unsicher gebundene Kinder hingegen zeigen ein erhöhtes Risiko für emotionale Schwierigkeiten sowie für Verhaltensprobleme im Umgang mit Gleichaltrigen und Erwachsenen (vgl. Strüber 2016, S. 122). Sie begegnen anderen Menschen mit Argwohn und sehen in ihnen eine Quelle von Problemen, ambivalenten Gefühlen und/oder ein Mittel zum Zweck. Je nach Temperament neigen diese Kinder dann dazu, soziale Beziehungen zu meiden oder – und das ist für das Phänomen „Mobbing“ sehr wichtig – sie versuchen, das Bedürfnis nach Selbstwirksamkeit durch das Gefühl von Kontrolle zu erreichen und ihren Selbstwert durch Überlegenheit zu erhöhen. Bei diesen Kindern steigt das Risiko, dass sie ihre Sicherheit aus dem Gefühl schöpfen, die Oberhand zu haben und sozial anerkannt oder gefürchtet zu sein. Infolgedessen beginnen sie, Situationen und andere Menschen zu dominieren – genau so, wie es Mobbingtäter*innen tun.

Emotionsregulation

Immer dann, wenn Kinder mit intensiven Gefühlen zu kämpfen haben, die sie stark herausfordern oder gar überfordern, sind sie in hohem Maße auf die Unterstützung ihrer Bezugspersonen angewiesen. Im Säuglingsalter können dies Gefühle von Hunger, Alleinsein oder Kälte sein, im Kleinkindalter die Trennung von Bezugspersonen, das aufgeschürfte Knie, das kaputte oder verloren gegangene Spielzeug oder die als ungerecht empfundene Behandlung durch andere Kinder.

Fakt ist: Unterstützung bei der Regulation von Emotionen zu bekommen, ist ein kindliches Grundbedürfnis aus der Kategorie der Bindungsbedürfnisse.

Werfen wir jedoch einen Blick zurück auf die Kindheit der Generationen vor uns (oder vielleicht reicht ja ein Blick in die eigene Kindheit?), so haben Kinder über viele Jahrzehnte hinweg zu hören bekommen, dass sie sich zusammenreißen sollen, wenn sie z. B. traurig, verletzt oder wütend sind. Es sei doch gar nichts passiert oder doch nicht so schlimm gewesen. Vielen Kindern wurde vermittelt, dass „Aufstehen und Weitermachen" das angestrebte Verhalten ist. Und auch heute höre ich Sätze wie „Superhelden kennen keinen Schmerz!", „Stell dich nicht so an!" oder „Jetzt hör doch mal auf, zu weinen, es ist doch alles in Ordnung!" viel häufiger, als mir lieb ist. Feinfühlige Unterstützung der Bezugspersonen bei der Regulation kindlicher Emotionen ist dies nicht.

Nur wenn es Bezugspersonen gibt, die die kindlichen Gefühle sensitiv und responsiv begleiten, sie spiegeln, benennen und den Kontext der entstandenen Emotionen erklären, nur dann kann ein eigenständiges Emotionsregulationssystem reifen, das zu einem späteren Zeitpunkt auch ohne die Unterstützung anderer Personen funktioniert. Nur so kann sich die Fähigkeit zur selbstständigen Emotionsregulation entwickeln! (vgl. Strüber 2019, S. 93 ff.)

Konkret heißt das: Hat ein Kind im frühen Kindesalter keine sichere Bindung und keine feinfühlige Regulation seiner Emotionen erfahren, so erhöht dies das Risiko, dass ...

- die bewusste Reflexion eigener Gefühle gestört ist (Selbstwahrnehmung und innerer Kompass, siehe auch S. 30),
- sich eine sogenannte Gefühlsblindheit entwickelt,
- die Regulation von Emotionen nicht gelingt (Selbstregulation),
- es zu emotionalen Überreaktionen kommt (Impulssteuerung),
- die Fähigkeit zu mitfühlendem, empathischem Verhalten beeinträchtigt ist.

vgl. Strüber 2019, S. 122

Kinder mit positiven Bindungserfahrungen im Säuglings-, Kleinkind-, Kindergarten- und Schulalter zeichnen sich durch Sozialkompetenz, Kooperationsbereitschaft und Empathie aus. Eine unsichere Bindung hingegen stellt ein gravierendes Risiko für emotionale Probleme und Verhaltensprobleme im Umgang mit Gleichaltrigen und Erwachsenen dar (vgl. Strüber 2016, S. 122) und damit auch für Mobbing.

Die adäquate Unterstützung bei der Regulation von Emotionen spielt somit für die Prävention von Mobbing eine große Rolle, vor allem in Bezug auf die Rolle der Täter*innen und die Gruppe der Ermöglicher*innen.

Wichtig ist aber auch, die Opfer von Mobbing bei der Emotionsregulation zu unterstützen. Denn diese bekommen oft zu hören, dass sie einfach nicht hinhören sollen, oder sie werden gefragt, ob die Situation denn wirklich so schlimm sei. Doch damit werden sie in ihrer emotionalen Not nicht adäquat wahrgenommen. Auch der Tipp, vielleicht mal ein Selbstbehauptungstraining zu durchlaufen, ist kontraproduktiv. Denn damit wird dem Opfer suggeriert, dass es sich um eine Schwäche handelt, wenn es sich durch die Angriffe belastet fühlt, und dass es nur gute Abwehrstrategien erlernen müsse, um seine Würde schützen zu können. Durch eine solche Haltung seitens der Erwachsenen potenzieren sich die Notlage und die Risiken der Opfer für langfristige Auswirkungen des Mobbings dramatisch. Was die Opfer brauchen, ist eine deutliche Positionierung seitens der Bezugspersonen, dass sie an der Situation keine Schuld tragen, sowie eine konsequente Unterstützung bei der Verarbeitung des Erlebten. Nur wenn die mit dem Mobbing verbundenen negativen Gefühle Raum bekommen, anerkannt und adäquat verarbeitet werden, können die verheerenden Folgen des Mobbings eingedämmt werden.

Die Bindungsbeziehungen der ersten Lebensjahre sind für die sozial-emotionale Entwicklung also von enormer Bedeutung und haben einen direkten Zusammenhang mit ...

- dem inneren Konzept von Selbstwirksamkeit und Selbstwertgefühl,
- dem Wert, den ein Kind den Beziehungen zu anderen Menschen beimisst,
- dem Wert, den ein Kind der Würde und dem Wert anderer Menschen beimisst,
- der Selbstwahrnehmung und Emotionsverarbeitung,
- der Stressverarbeitung eines Kindes,
- der Entwicklung von Sozial- bzw. Lebenskompetenzen.

Auf den Punkt gebracht:

Reagieren Bezugspersonen feinfühlig auf die Bedürfnisse ihres Kindes und unterstützen sie dieses adäquat bei der Emotionsregulation, so bildet sich ein stabiles und sicheres Bindungssystem heraus. Diese sichere Bindung wiederum steht in engem Zusammenhang mit der gesunden sozial-emotionalen Entwicklung eines Kindes.

Konzepte der inneren Stärke von Kindern

Es hat sich gezeigt, dass die sozial-emotionale Entwicklung eines Kindes in engem Zusammenhang mit seinen Bindungserfahrungen und vor allem mit der Qualität der Unterstützung im Bereich Emotionsregulation steht. Machen Kinder positive Bindungserfahrungen, so können sie positive Konzepte innerer Stärke aufbauen und ausgeprägte Sozialkompetenzen entwickeln. Wichtig sind an dieser Stelle zwei Dinge:

1. Bei den Konzepten innerer Stärke geht es nicht darum – und das ist mir wichtig zu betonen – die potenziellen Opfer von Mobbing zu stärken, damit ihnen Mobbing nicht so viel ausmacht. Denn erstens machen starke innere Konzepte nicht immun gegen entwürdigende Gewalterlebnisse und zweitens zielt Mobbing darauf ab, genau diese innere Stärke anzugreifen bzw. zu zerstören.
2. Die innere Stärke eines Kindes ist nicht zu verwechseln mit der vermeintlichen Stärke, die die Mobbing-Täter*innen durch ihre Dominanz zu demonstrieren versuchen.

Die Konzepte der inneren Stärke helfen vielmehr allen Kindern (und Erwachsenen) beim Aufbau eines positiven Selbstwertgefühls, bei der Steuerung von Emotionen sowie beim Erwerb gesunder Interaktions- und Kommunikationskompetenzen.
Fakt ist: Wo emotional stabile und sozial kompetente Kinder (oder im Allgemeinen Menschen) aufeinandertreffen, fehlt dem Phänomen „Mobbing" ein wichtiger Nährstoff. Oder anders gesagt: Mobbing als Ventil wird überflüssig.

Bindungsrepräsentation

Die sogenannte Bindungsrepräsentation ist das fest im Gehirn verankerte innere Arbeitsmodell von Beziehungen zu anderen Menschen bzw. dem Wert, den wir anderen Menschen beimessen. Die Bindungsrepräsentation ergibt sich aus den frühen Bindungserfahrungen eines Kindes, die mit allen weiteren Bindungserfahrungen abgeglichen werden. Dieses selbstverständliche innere Verständnis von Bindungen begleitet einen Menschen ein Leben lang und zeigt sich in seinen Interpretationsmechanismen bezüglich sozialer Situationen, in all seinen unbewussten Kommunikations- und Verhaltensmustern sowie in seinen Erwartungen anderen Menschen gegenüber.

Ein Kind mit positiven Bindungserfahrungen entwickelt innerhalb dieses Prozesses zwei zentrale innere Überzeugungen:

1. zum einen Vertrauen in sich selbst, weil es gelernt hat, dass es mit seinem Verhalten etwas bewirken kann (angefangen bei „Wenn ich schreie, kommen Mama und Papa."),
2. zum anderen Vertrauen in andere Menschen, weil es gelernt hat, dass seine Bezugspersonen verlässlich auf seine Signale antworten.

Wächst ein Kind jedoch ohne feinfühlige Bezugspersonen oder sogar in machtbetonten Strukturen auf und erlebt Hilflosigkeit, Einsamkeit, Erniedrigung oder mangelnde Akzeptanz, Wertschätzung und Unterstützung, so ist die Bindungsrepräsentation negativ geprägt und seine gesunde sozial-emotionale Entwicklung stark gefährdet.

Denn das aus den Bindungserfahrungen resultierende innere Arbeitsmodell von Bindung entscheidet darüber, ob wir Beziehungen zu anderen Menschen überhaupt als erstrebens- und lohnenswert einschätzen können und ob wir zu Authentizität, Empathie, Offenheit, Wechselseitigkeit und Gleichwürdigkeit in der Lage sind. Es bestimmt, ob Beziehungen für uns etwas Freudiges und Bereicherndes sind, ob wir Vertrauen in uns selbst und in andere haben und ob wir uns in Gegenwart anderer Menschen sicher und wertvoll fühlen.

Wollen wir das Phänomen „Mobbing" also langfristig stoppen, so müssen wir von Beginn an darauf hinwirken, durch positive Bindungserfahrungen eine positive Bindungsrepräsentation als Grundstein für eine gesunde sozial-emotionale Entwicklung zu fördern.

Eine positive Bindungsrepräsentation geht mit einer positiven Selbstwirksamkeitserwartung oder internalen Kontrollüberzeugung einher, also mit der Idee, als Individuum Einfluss auf die Umwelt, auf andere Menschen und auf das eigene Leben nehmen zu können. Eine hohe Selbstwirksamkeitserwartung wiederum ist einer der zentralen Motoren für das Selbstwertgefühl eines Kindes.

Eine externale Kontrollüberzeugung, also die Idee, dass das Leben einfach so passiert und man als Individuum darauf keinen Einfluss hat, führt hingegen zu Unsicherheit und einem geringen Selbstwertgefühl. Dies kann – je nach Temperament – dazu führen, dass Kinder das Ausüben von Macht, z. B. in Form von Mobbing, zur Selbstwerterhöhung einsetzen.

Der innere Kompass

Ebenfalls eng mit den Bindungserfahrungen eines Kindes und mit dessen Selbstwertgefühl verknüpft ist der innere Kompass.

> Der innere Kompass sortiert die eigenen Bedürfnisse, Gefühle und Werte (Wann geht es mir gut? Was brauche ich gerade? Was ist mir wichtig?) und setzt sie in Verbindung zur jeweiligen Situation (Passen meine Gefühle und Bedürfnisse zur Situation?).

Dieser Bedürfnisnavigator ist an all unseren Entscheidungen beteiligt und sorgt als innerer Motor dafür, dass wir unsere Integrität wahren und für das einstehen, was unsere innere Überzeugung ist. Ein gestörter innerer Kompass hingegen führt zu Selbstunsicherheit und erhöht das Risiko, nicht aus sich selbst heraus zu entscheiden, sondern die Meinungen anderer Menschen zu übernehmen. Besonders im Hinblick auf die Gruppe der Ermöglicher*innen ist der innere Kompass daher von großer Bedeutung.

Das Mindset

Sowohl die Bindungsrepräsentation als auch der innere Kompass prägen entscheidend das Mindset eines Kindes. Dieses spiegelt seine inneren Glaubenssätze, seine tief im Gehirn verankerten Annahmen über sich selbst wider. Das Mindset beschreibt die selbstverständliche Denkweise eines Kindes, seine innere Haltung und seine Überzeugungen, die sich auf seine Wahrnehmung, seine Verhaltensweisen, seine Interpretationen und all seine Entscheidungen auswirken.

Grundsätzlich können zwei Arten von Denkweisen unterschieden werden, wobei wir selbstverständlich fließende Übergänge voraussetzen (siehe Abb. 4: Growth Mindset und Fixed Mindset). Kinder mit einer auf Wachstum ausgerichteten inneren Überzeugung, einem Growth Mindset, glauben, dass sie ihre Kompetenzen im Spannungsfeld aus Herausforderungen, Anstrengung und Fehlern erwerben. Sie nutzen Feedback und Scheitern als Chance, sich zu verbessern, und sind dadurch auf Wachstum und Selbstverwirklichung fokussiert. Durch diese Denkweise gelingt es den Kindern, besser mit Misserfolgen umzugehen und Scheitern nicht an den Wert der eigenen Person zu knüpfen.

Kinder mit einem Fixed Mindset, also einer statischen Denkweise glauben hingegen, dass ihre Intelligenz, ihre Talente und ihre Persönlichkeitsmerkmale unveränderlich sind. Ihnen fehlt die Grundhaltung, dass der Mensch durch Erfahrungen wächst und Erfolg von Lernanstrengung abhängt. Sie sind stark auf die Bewertung von außen fixiert, vergleichen sich oft mit anderen Menschen und knüpfen ihren Selbstwert

an Leistung und Ansehen. Offenheit und Authentizität in sozialen Beziehungen fallen ihnen schwer und aus Furcht vor Misserfolg und Blamage vermeiden sie Herausforderungen. Begleitet wird diese innere Überzeugung von negativen Gedanken und Gefühlen, wie beispielsweise Sorgen, Selbstzweifeln und Ängsten, die entweder zu Vermeidung und Rückzug führen oder ihren Ausdruck in Überkompensation finden, z.B. im Ventil Mobbing.

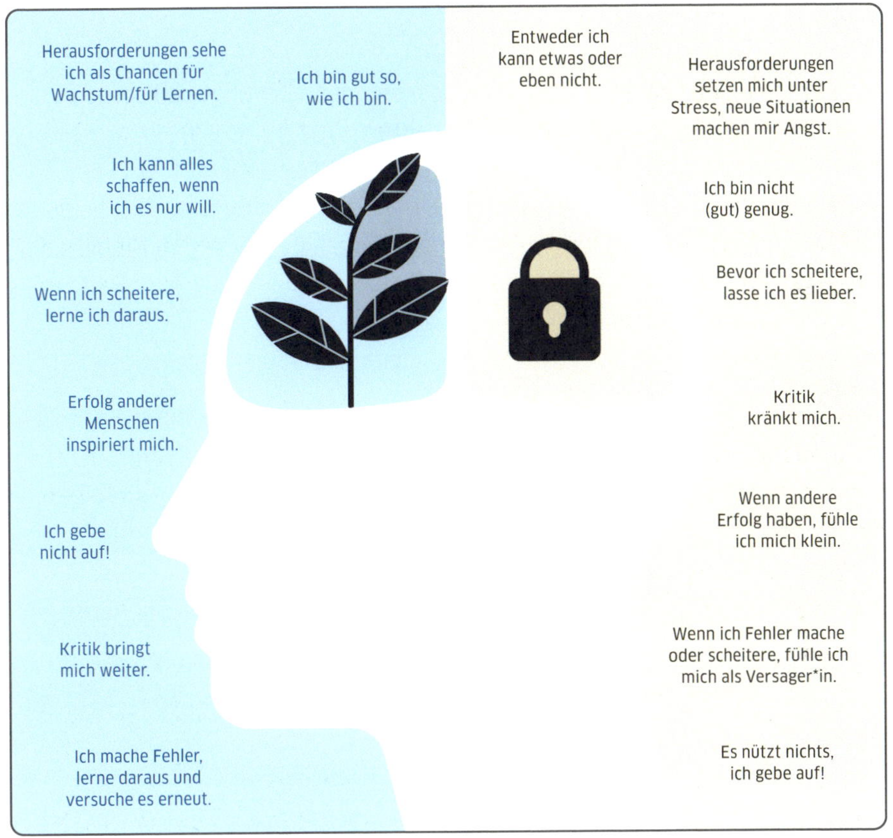

Abb. 4: Growth Mindset und Fixed Mindset

Lebenskompetenzen

Die Bindungsrepräsentation, der innere Kompass und das Mindset bilden gemeinsam die innere Stärke eines Kindes. Konnten sich diese drei Konzepte herausbilden, so kann ein Kind in der Auseinandersetzung mit seiner Umwelt die sogenannten Lebenskompetenzen entwickeln, deren Entwicklung wir als wichtigen Schutzschild anstreben müssen, wollen wir Mobbing langfristig vermeiden (vgl. World Health Organization 1994, S. 3 ff.). Gemeint sind damit Kompetenzen, die wir auch als Schutzfaktoren aus dem Resilienzkonzept kennen. Noch einmal zur Erinnerung: Gemeint ist hier nicht die Resilienz der Mobbingopfer, sondern die sozial-emotionale Kompetenz aller Kinder!

Folgende Lebenskompetenzen sind für die Mobbing-Prävention zentral:

Selbstwahrnehmung

Kenntnis über

- den eigenen Charakter/das eigene Temperament
- eigene Stärken und Schwächen
- Abneigungen und Wünsche
- die eigenen Gefühle und Körperreaktionen

Selbstregulation und Impulskontrolle

Fähigkeit und Bereitschaft,

- sich der eigenen Gefühle bewusst zu werden
- angemessen und verantwortungsvoll mit den eigenen Emotionen umzugehen
- Affekte und Impulsivität zu steuern
- zu erkennen, dass die eigenen Gefühle auch das Handeln beeinflussen

Stressverarbeitungskompetenz

individuelle Möglichkeiten,

- die Realität bzw. eine bestimmte Situation zu akzeptieren
- den Fokus auf positive Aspekte einer Situation zu richten und Chancen zu erkennen
- das Stresslevel zu senken und sich zu erholen (z. B. durch Sport, Entspannung, Pausen etc.)
- Prioritäten und Grenzen zu setzen

Kreatives Denken

Fähigkeit,

- vielfältige Ideen bzw. Lösungswege zu produzieren, zu reflektieren und zu verbessern
- Probleme aktiv und konstruktiv zu lösen
- den eigenen Horizont erweitern zu wollen

Kritisches Denken

Fähigkeit,

- Informationen und Erfahrungen objektiv zu analysieren
- sich eine eigene Meinung zu bilden

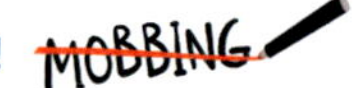

Problemlöse- und Konfliktlösestrategien

Kompetenz und Bereitschaft,

- die eigene emotionale Intelligenz, Kreativität und Entscheidungsfähigkeit aktiv und konstruktiv zur Lösung eines Konflikts oder Problems einzusetzen bzw. zur Verfügung zu stellen

Kommunikative Kompetenz

Fähigkeit und Bereitschaft,

- sich kultur- und situationsgemäß nonverbal und verbal ausdrücken zu können
- eine gewaltfreie bzw. wertschätzende Sprache zu wählen
- Austausch und Dialog als Bereicherung zu sehen

Interpersonale Beziehungskompetenz

Fähigkeit,

- Freundschaften zu schließen und zu pflegen
- Vertrauen in andere Menschen zu haben
- neuen Situationen oder unbekannten Menschen gegenüber unvoreingenommen, tolerant und positiv eingestellt zu sein

Adaptive Bewältigungskompetenz

Fähigkeit und Bereitschaft,

- Ursachen und Auswirkungen von Belastungen/Stress zu erkennen
- Stress zu reduzieren
- zu erkennen, wann Unterstützung von außen notwendig ist

Empathie

Fähigkeit und Bereitschaft,

- Gefühle, Gedanken, Motive und Einstellungen anderer Personen wahrzunehmen
- sich in andere Personen hineinzuversetzen und mitzufühlen

Entscheidungsfähigkeit

Möglichkeit,

- sich aktiv mit möglichen Alternativen auseinanderzusetzen
- sich nach gewissenhafter Abwägung bewusst für eine Möglichkeit zu entscheiden
- zu einer getroffenen Entscheidung zu stehen

Kompetenzen wie diese sind im 21. Jahrhundert das A und O, und zwar nicht nur im Sinne der Mobbing-Prävention. Wissen allein reicht in unserer globalen, immer komplexer werdenden Welt nicht mehr aus, auch wenn unser Schulsystem uns das noch

so sehr glauben machen möchte. Fakt ist: Nur wenn Kinder über vielfältige und stark ausgeprägte Lebenskompetenzen verfügen, sind sie in der Lage, die gravierenden Probleme unserer Zeit zu lösen und sich in der Komplexität des 21. Jahrhunderts zurechtzufinden.

Und, für das Thema dieses Buches noch viel wichtiger:

Nur wenn wir als Bezugspersonen den Fokus auf eine gesunde sozial-emotionale Entwicklung und die Entwicklung genau dieser Lebenskompetenzen legen, können wir Mobbing langfristig eindämmen.

Denn in einer Gruppe emotional stabiler und sozial kompetenter Kinder (Menschen) hat Mobbing kaum eine Chance. In einer solchen Gruppe finden potenzielle Täter*innen sozial verträglichere Ventile für die Verarbeitung eigener negativer Emotionen und/ oder suchen selbst Hilfe. Ermöglicher*innen entziehen den Mobbing-Täter*innen die Plattform und Opfer von Mobbing fordern sofort Unterstützung ein und die erwachsenen Bezugspersonen stellen diese Hilfe auch adäquat zur Verfügung. Aus diesem Grund stellt eine gesunde sozial-emotionale Entwicklung einen wirksamen Schutzschild gegen Mobbing dar.

Auf den Punkt gebracht:

Die Bindung zu einer oder mehreren Bezugspersonen stellt das zentralste aller kindlichen Bedürfnisse dar. Das feinfühlige Elternverhalten antwortet dabei im Optimalfall verlässlich auf das Bindungsverhalten des Kindes. Gelingt diese Abstimmung, so dämpft dies das Stresssystem eines Kindes und trägt so zu emotionaler Stabilität bei. Vorausgesetzt, ein Kind macht auch im weiteren Verlauf seines Lebens positive Bindungserfahrungen, so bilden sich eine positive Bindungsrepräsentation, eine internale Kontrollüberzeugung sowie ein gesundes Mindset heraus, was die Grundlage für die Entwicklung von Lebens- und Sozialkompetenzen darstellt.
Wächst ein Kind jedoch ohne feinfühlig agierende Erwachsene auf, werden seine Bedürfnisse nur unzureichend befriedigt und erhält es keine ausreichende Hilfe zur Emotionsregulation, so steigt das Risiko für sozial-emotionale Beeinträchtigungen oder gar Störungen in hohem Maße. Je nach Temperament des Kindes erhöht sich so die Wahrscheinlichkeit für Verhaltensprobleme gegenüber Gleichaltrigen – wie z. B. Mobbing – gravierend.

3 PÄDAGOGISCHE ANSATZPUNKTE FÜR DIE MOBBINGPRÄVENTION

3 PÄDAGOGISCHE ANSATZPUNKTE FÜR DIE MOBBING-PRÄVENTION

Die Ausführungen in Kapitel 2 haben gezeigt, dass die Stärkung der sozial-emotionalen bzw. psychisch-emotionalen Entwicklung von Kindern und der daraus resultierende Aufbau von Lebenskompetenzen das Herzstück der Mobbing-Prävention ist. Die Grundlage dafür sind vor allem stabile Bindungsbeziehungen und infolgedessen die Stärkung

- der Selbstwirksamkeitserwartung und des Selbstwertgefühls,
- einer positiven Bindungsrepräsentation und eines Growth Mindsets,
- von Kompetenzen wie Selbstwahrnehmung, Selbstregulation und Empathie,
- von Kompetenzen wie Problemlösefähigkeit, kritisches Denken, adaptive Bewältigungskompetenz und Netzwerkorientierung.

Eine entscheidende Rolle in der sozial-emotionalen Entwicklung von Kindern spielen die verantwortlichen Erwachsenen. Dabei geht es vor allem um ihre innere Haltung, um die Art und Weise der Beziehungsgestaltung, um Interaktions- und Kommunikationsstrategien, um Wertevermittlung und positive Führung sowie um die Vermittlung eines Wir-Gefühls.

In diesem Kapitel werden wir uns daher intensiv mit der Rolle der verantwortlichen Erwachsenen und ihren pädagogischen Ansatzmöglichkeiten auseinandersetzen.

Die innere Haltung der Erwachsenen

Wenn Sie dieses Buch bis hierhin gelesen haben, so wird es Sie nicht überraschen: Der wohl wichtigste Aspekt innerhalb der Mobbing-Prävention ist eine innere Haltung, die von Bindungs- und Bedürfnisorientierung geprägt ist. Doch leider ist diese alles andere als selbstverständlich. Im Gegenteil: Adultismus ist noch immer ein großes Problem.

Problemfeld Adultismus

Adultismus beschreibt ein Machtgefälle zwischen Erwachsenen und Kindern und die Diskriminierung, die damit einhergeht. Dieses Ungleichgewicht liegt zwar in gewisser Weise in der Natur der Sache, weil Kinder in die Abhängigkeit von Erwachsenen hineingeboren werden, doch allzu oft gehen die Erwachsenen nicht verantwortungsvoll genug mit ihrer Position um. Der nicht nur sprichwörtlich erhobene Zeigefinger ist dafür ein aussagekräftiges Bild.

Erwachsene schimpfen, sie schreien Kinder an, weisen sie zurecht, bestimmen, loben, bewerten, beschämen, stellen bloß, drohen, sprechen Ultimaten aus, bestrafen und manipulieren. Und manchmal nutzen sie sogar ihre körperliche Überlegenheit aus und zerren, ziehen, schubsen oder halten ein Kind gegen dessen Willen fest. Dabei heißt es in § 1631 des Bürgerlichen Gesetzbuches (BGB): „Kinder haben ein Recht auf gewaltfreie Erziehung. Körperliche Bestrafungen, seelische Verletzungen und andere entwürdigende Maßnahmen sind unzulässig."

Viele Erwachsenen sind sich nicht darüber bewusst, dass einige ihrer Verhaltensweisen im Umgang mit Kindern entwürdigend und seelisch verletzend sind. Das hängt mit dem Adultismus zusammen, dessen Wurzeln im lange Zeit vorherrschenden Blick von Pädagogik und Gesellschaft auf das Kind liegen.

Man dachte, dass ...

- nur die Erwachsenen wüssten, was „gut" für Kinder sei,
- Kinder aus sich selbst heraus nicht über Kompetenzen und Ressourcen verfügten,
- die Erwachsenen dafür verantwortlich seien, Kinder zu höflichen, tugendhaften und folgsamen Menschen zu erziehen/formen,
- Kinder gefordert und möglichst früh zu Selbstständigkeit erzogen werden müssten,
- man Kindern mit Regeln, Normen, erzieherischen Methoden und Verboten begegnen müsse,
- Kinder durch Belohnung und Bestrafung sowie den gezielten Einsatz von Liebesentzug zur Einhaltung dieser Regeln und zur Unterordnung gebracht werden müssten,
- es die Aufgabe der Erwachsenen sei, Impulse und Lerninhalte vorzugeben und den Kindern etwas „Ordentliches" beizubringen.

Über Generationen hinweg waren Erziehungsleitsätze wie „Weil ich (als Erwachsene*r) es so sage" und „Wenn Erwachsene sprechen, haben Kinder den Mund zu halten" eine nicht hinterfragte Selbstverständlichkeit. Die Erwachsenen hatten die Vormachtstellung inne, die Kinder hatten ihren Befehlen zu folgen. Sie mussten essen, was auf den Tisch kam, brav und folgsam sein und sich an Regeln halten, die ausschließlich von Erwachsenen vorgegeben wurden. Bei Ungehorsam durfte der*die Erwachsene im Zweifelsfall sogar auch seine*ihre körperliche Dominanz ausnutzen und das Kind züchtigen. Man denke beispielsweise an den „Klaps auf den Po", der angeblich noch keinem Kind geschadet habe, oder an den*die Lehrer*in mit dem Rohrstock.

Das alles scheint lange her zu sein und doch finden wir die Überreste dieses Verständnisses noch immer in den Köpfen vieler Menschen – ob bewusst oder unbewusst, auch unter Erzieher*innen. Und auch wenn wir an dieser Stelle inzwischen ein paar Schritte weiter in Richtung Gleichwürdigkeit und Bedürfnisorientierung gegangen sind, Luft nach oben gibt es noch reichlich.

Gleichwürdigkeit ist ein von dem dänischen Familientherapeuten Jesper Juul geprägter Begriff und meint die Überzeugung von Erwachsenen, dass Kinder von gleichem Wert sind und mit all ihren Bedürfnissen, Gedanken und Gefühlen ernst genommen und geachtet werden müssen, auch wenn die Erwachsenen einen eindeutigen Wissens- und Erfahrungsvorsprung haben (vgl. familylab.de 2023: Unsere Werte).

Die Auswirkungen von Adultismus

Doch was macht dieses unreflektierte Machtgefälle eigentlich mit Kindern? Wieso ist es so schlimm, wenn Erwachsene ihre Macht für ihre Zwecke und Absichten ausnutzen? Die einfache Antwort ist einmal mehr: Dieses Machtgefälle verletzt die kindliche Würde und setzt sowohl die Selbstwirksamkeitserwartung als auch das Selbstwertgefühl eines Kindes dramatisch herab. In Bezug auf das Phänomen „Mobbing" sind die Parallelen erschreckend:

1. Bei Mobbing haben wir es mit einem eindeutigen Machtgefälle und der Ausnutzung von Macht über andere zu tun.
2. Mobbing ist immer ein Angriff auf die Würde eines Menschen.
3. Durch den Mobbingprozess kommt es zur Herabsetzung der Selbstwirksamkeitserwartung und des Selbstwertgefühls des Opfers.
4. Mobbing dient als Kompensationsstrategie für die Selbstwerterhöhung der Täter*innen.

Je länger Kinder in autoritären, bedürfnisverletzenden Strukturen aufwachsen, umso vertrauter sind ihnen genau die Mechanismen, die wir auch beim Phänomen „Mobbing" beobachten.

Der folgende Fragebogen zum Thema „Adultismus" kann Ihnen dabei helfen, Ihr eigenes Verhalten diesbezüglich zu reflektieren.

Selbstreflexion

Adultismus 1/2

Fragen an mich selbst	ja	nein
Begegne ich Kindern auf Augenhöhe? Sind Kinder für mich gleichwertige Personen, deren Meinungen und Bedürfnisse ebenso viel wert sind wie meine eigenen?		
Fällt es mir mitunter schwer, die kindliche Perspektive einzunehmen bzw. zu verstehen?		
Nutze ich Wenn-dann-Verbindungen? („Nur wenn du auch vom Salat isst, bekommst du etwas vom Nachtisch." Oder „Wenn du XY nicht machst, dann passiert Z.")		
Werde ich den Kindern gegenüber manchmal impulsiv und/oder laut?		
Verletze oder drohe ich mit Worten, um meine Macht zu demonstrieren?		
Werte ich Kinder sprachlich ab? („Stell dich nicht so an!", „Hör auf mit dem Theater!")		
Strafe ich Kinder mit Nichtbeachtung und Beziehungsabbruch?		
Isoliere ich Kinder bei Fehlverhalten von der Gruppe?		
Nutze ich meine körperliche Überlegenheit aus? Habe ich ein Kind schon einmal gezogen, geschubst, gegen seinen Willen weggetragen oder festgehalten?		
Bin ich mir darüber bewusst, wie wichtig es ist, dass ich solche Grenzüberschreitungen vermeide?		
Entschuldige ich mich bei den Kindern, wenn ich grob, verletzend oder laut geworden bin?		
Bin ich der Meinung, dass ich mich als erwachsene Person nicht für mein Verhalten rechtfertigen muss?		
Bin ich der Meinung, dass ich am besten weiß, was das Kind jetzt spielen/lernen/tun sollte?		

Selbstreflexion

Adultismus 2/2

Fragen an mich selbst	ja	nein
Spüre ich Druck, bestimmte Lerninhalte vermitteln und bestimmte Ziele erreichen zu müssen?		
Bin ich gekränkt, enttäuscht oder frustriert, wenn die Kinder meine Angebote ablehnen?		
Ist Partizipation ein lästiges, unangenehmes und anstrengendes Thema für mich?		
Bin ich mir des Spannungsfeldes zwischen Partizipation und Fürsorgepflicht bewusst?		
Lasse ich z. B. beim Thema „Kleidung" Spielraum? Oder bestimme ich grundsätzlich, was die Kinder anziehen müssen?		
Bestehe ich darauf, dass Kinder jede Speise probieren?		
Verlange ich, dass Kinder ihren Teller leer essen?		
Bestehe ich darauf, dass Kinder zur Toilette gehen, schlafen oder essen – und zwar immer dann, wenn ich es sage?		

Auf den Punkt gebracht:

Adultismus als innere Haltung erwachsener Bezugspersonen legitimiert die verletzende Ausnutzung eines bestehenden Machtgefälles und legitimiert demnach genau die Strukturen, die auch Mobbing zugrunde liegen.

Bedürfnis- und Bindungsorientierung

Bei einer gelingenden Mobbing-Prävention geht es vor allem um unsere inneren bewussten und unbewussten Standardeinstellungen in Bezug auf die Themen „Adultismus", „Kindheit", „Kindsein" und „kindliche Entwicklung". Sind Kinder für Sie in erster Linie Empfänger*innen von Input und Pflege oder sind sie vollwertige Persönlichkeiten, die Sie begleiten dürfen? Befürchten Sie insgeheim, dass Kinder zu unkontrollierbaren Tyrann*innen werden, wenn man sie nicht stoppt, eingrenzt und „erzieht"? Oder glauben Sie an das Potenzial jedes einzelnen Kindes und an seine intrinsische Motivation, sich im Spannungsfeld zwischen Autonomiebestreben und Kooperationswunsch zurechtzufinden? Haben Sie eine bestimmte Erwartungshaltung Kindern gegenüber und richten Ihr Handeln danach aus, dass diese Ziele und Ideale erfüllt werden? Oder sind Sie an einer bedürfnis- und beziehungsorientierten Interaktion auf Augenhöhe interessiert, bei der beide Seiten – Kinder wie Erwachsene – voneinander lernen können?

Die „Angst" vor kindlichen Bedürfnissen

Eine bedürfnis- und beziehungsorientierte, von Gleichwürdigkeit geprägte innere Haltung von Eltern und Erzieher*innen stellt das Gegenstück zum entwicklungshemmenden Adultismus dar. Dennoch höre ich erstaunlich oft kritische Stimmen zum Thema „Bedürfnisorientierung". Dies liegt vor allem an einem elementaren Missverständnis, das sich jedoch hartnäckig hält: Bedürfnisse werden schlichtweg mit Wünschen verwechselt. „Sollen wir uns jetzt etwa komplett dem Diktat der Kinder unterwerfen?", fragte einmal eine skeptische Erzieherin während eines Seminars. „Muss ich jetzt jeden Wunsch erfüllen wie die Dienerin einer Prinzessin?" Dazu kann es natürlich nur eine Antwort geben, nämlich: Nein, natürlich nicht!

> ! Ein Wunsch ist etwas Austauschbares, Bedürfnisse hingegen sind existenziell. Sie sind der Motor der menschlichen Entwicklung und beeinflussen all unser Fühlen, Denken und Handeln.

Ein Beispiel: Die fünfjährige Farah wird von ihrem Vater in der Kita abgeholt. „Papa, ich will heute nicht zur Musikschule gehen“, sagt sie. „Ich will mit Leo (Kindergartenfreund) im Garten Schätze suchen und Eis essen.“

Heißt Bedürfnisorientierung jetzt, dass Farahs Vater die Musikschule absagen und die Verabredung mit Leo ermöglichen muss? Wieder ist die klare Antwort: Nein! Denn auch Farahs Vater hat in dieser Situation ein Bedürfnis, das es zu beachten gilt. Ihm geht es um Verlässlichkeit und Pflichtbewusstsein, darum, eine Vereinbarung bzw. einen Vertrag einzuhalten. Deshalb ist es vollkommen in Ordnung, wenn er an dieser Stelle die Entscheidung trifft, dass die Musikschule nicht aus einer spontanen Laune heraus abgesagt wird. Es macht jedoch großen Sinn, sich die Bedürfnisse anzuschauen, die Farahs Wunsch zugrunde liegen könnten.

Farahs Wünsche	Mögliche Bedürfnisse hinter den Wünschen
→ mit Leo spielen und Schätze suchen → Eis essen → nicht zur Musikschule müssen	→ mehr Selbstbestimmung und unverplante, frei verfügbare Zeit → in der Natur/draußen sein dürfen → Gemeinschaft, Verbundenheit und Freundschaften erleben → Raum für Entspannung und Genuss → mehr Unbekümmertheit

Im Sinne eines bedürfnisorientierten Umgangs sollte Farahs Vater ...

- überprüfen, ob Farah insgesamt zu wenig Zeit hat, in der sie eigene Interessen verfolgen kann. Vielleicht hat sie zu viele Termine und kämpft mit zu viel Fremdbestimmung?
- hinterfragen, ob Farah ausreichend Möglichkeiten bekommt, Verabredungen mit selbst gewählten Personen wahrzunehmen oder ob sie zu selten Zeit mit Freund*innen verbringen kann.
- überprüfen, ob die Musikschule grundsätzlich die richtige Freizeitgestaltung für Farah ist oder ob sie vielleicht besser in einer Gruppe des Naturschutzbundes oder bei den Pfadfindern aufgehoben wäre, wo sie ihrem Entdeckerdrang nachgehen darf. Ist die Musikschule etwas, was Farah sich ausgesucht hat, oder möchte nur der musikaffine Vater, dass Farah ein Instrument lernt?

Kommt der Vater zu dem Ergebnis, dass Farah eigentlich gerne zur Musikschule geht und all die Punkte nicht zutreffen, so kann er einfach eine Entscheidung pro Musikschule treffen und Farah eine Alternative anbieten, z. B. nach der Musikschule ein Eis im Garten zu essen und am nächsten Tag mit Leo Schätze zu suchen. Sollte er jedoch bemerken, dass Farah mit ihrem Wunsch ein grundlegendes Bedürfnis auszudrücken versucht, beispielsweise mehr Autonomie statt Fremdbestimmung, so sollte er dies ernst nehmen und Veränderungen einleiten.

Eine bedürfnisorientierte innere Haltung zeichnet sich dadurch aus, dass ...

- kindliche Bedürfnisse wahr- und ernst genommen werden,
- die eigenen Bedürfnisse wahr- und ernst genommen werden,
- Bedürfnisse als Motor der kindlichen Entwicklung anerkannt und in den Mittelpunkt pädagogischen Handelns gestellt werden,
- Gefühls- und Verhaltensäußerungen als Ausdruck von unerfüllten Bedürfnissen erkannt werden,
- die Bereitschaft besteht, die versteckten Botschaften hinter den sichtbaren Signalen zu entschlüsseln,
- Bedürfnisse situationsabhängig und immer wieder neu miteinander verhandelt werden.

Der folgende Fragebogen kann Ihnen dabei helfen, Ihr eigenes Verhalten im Hinblick auf einen bindungs- und bedürfnisorientierten Umgang mit den Kindern zu reflektieren.

Selbstreflexion

Bindungs- und Bedürfnisorientierung 1/2

Fragen an mich selbst	ja	nein
Baue ich Blickkontakt auf, wenn ich mit den Kindern spreche? Überprüfe ich, ob sie meine Worte wahrgenommen und verstanden haben?		
Gehe ich, auch körperlich betrachtet, auf Augenhöhe mit den Kindern?		
Ist meine Beziehung zu den Kindern meiner Gruppe von gegenseitigem Vertrauen geprägt?		
Kennen mich die Kinder als Person? Wissen Sie, für welche Werte ich stehe, was ich mag und nicht mag und was mir wichtig ist? Oder kennen mich die Kinder nur in meiner Rolle als Erzieher*in?		
Bin ich geduldig?		
Höre ich aufmerksam zu?		
Kommuniziere ich eindeutig? Oder sende ich Doppelbotschaften? (Sage ich z. B. „Ja, von mir aus", Gestik, Mimik und Tonfall machen aber deutlich, dass ich eigentlich „Nein" meine?)		
Bin ich für die Kinder einschätzbar?		
Reagiere ich verlässlich, wenn Kinder meine Unterstützung einfordern?		
Arbeite ich lösungsfokussiert?		
Bestrafe ich? Oder erkläre ich, warum ein gezeigtes Verhalten bestimmte Konsequenzen hat?		
Wissen die Kinder, wo meine Grenzen sind?		
Weiß ich selbst, wo meine Grenzen sind? Kann ich meine Integrität auch wahren?		
Lobe ich leistungs- oder prozessbezogen?		
Kenne ich die Biografie der Kinder in meiner Gruppe (bezogen auf die Themen „Bindung" und „Bedürfnisorientierung")?		
Kenne ich die grundsätzliche häusliche Situation und den Erziehungsstil, mit dem die einzelnen Kinder aufwachsen?		

Selbstreflexion

Bindungs- und Bedürfnisorientierung 2/2

Fragen an mich selbst	ja	nein
Kenne ich die aktuelle häusliche Situation (Stress, Belastungen, einschneidende Veränderungen)?		
Berücksichtige ich die Tagesform der Kinder? (müde, kränklich, traurig ...)		
Beziehe ich das Wissen über die langfristige und aktuelle Situation der Kinder in meinen Umgang mit ihnen ein?		
Bin ich mit den kindlichen Bedürfnissen und ihrer Hierarchie vertraut?		
Ist mir bewusst, dass Bedürfnisse Gefühle hervorrufen und dass diese Gefühle Verhalten auslösen?		
Ist Beziehungs- und Bedürfnisorientierung ein Teil oder sogar der Schwerpunkt meiner Arbeit?		
Lege ich viel Wert auf meine vorbereiteten Lernangebote und das Erreichen meiner damit verbundenen Ziele?		
Richte ich meine pädagogische Arbeit nach den individuellen Stärken, Schwächen, Vorlieben und Abneigungen der einzelnen Kinder aus?		
Ist mir bewusst, wie Kinder lernen bzw. was Kinder brauchen, um nachhaltig lernen zu können?		
Verstehe ich mich als Impulsgeber*in und knüpfe die Weiterentwicklung der kindlichen Fähigkeiten an die Qualität meiner pädagogischen Arbeit?		
Habe ich das Gefühl, mich für meine Schwerpunktsetzung und meine Angebote rechtfertigen zu müssen (gegenüber der Einrichtungsleitung, den Kolleg*innen, den Eltern)?		
Berücksichtige ich das individuelle Lerntempo der einzelnen Kinder?		
Räume ich den Kindern Zeit und Raum für Rückzug und Verarbeitung ein?		
Berücksichtige ich, dass nicht jedes Kind zu jeder Zeit Interesse an den gleichen Lerninhalten und Themen hat?		

Die Bedürfnisse von Erzieher*innen

Wenn wir Kinder zu sozial-emotional gesunden Persönlichkeiten erziehen und Mobbing somit einen zentralen Nährstoff entziehen wollen, müssen wir ihnen bindungs- und bedürfnisorientiert begegnen und sie bei der Emotionsregulation unterstützen. Aber was ist eigentlich mit den Bedürfnissen der verantwortlichen Erwachsenen? Und mit der eigenen Emotionsregulation?

Die eigenen Bedürfnisse wahrzunehmen und sich mit der eigenen Verarbeitung von Stress und negativen Emotionen auseinanderzusetzen, ist ein wichtiger Aspekt innerhalb der bedürfnisorientierten pädagogischen Arbeit mit Kindern. Im Fall von Farah könnte ihr Vater seinem eigenen Bedürfnis nach Verlässlichkeit nachgehen und sich erst im zweiten Schritt mit den Bedürfnissen seiner Tochter beschäftigen. Und das wäre in dieser Situation auch vollkommen in Ordnung. Aber:

Je basaler ein kindliches Bedürfnis ist, umso eher müssen die Erwachsenen ihre Bedürfnisse zurückstellen. Und je überforderter und belasteter sich die Erwachsenen fühlen, umso stärker müssen sie den Fokus auf die eigenen unbefriedigten Bedürfnisse lenken.

Beispiel 1:
Erzieher Hamza ist auf dem Weg in die Pause. Er fühlt sich erschöpft und möchte zehn Minuten in Ruhe und ohne angesprochen zu werden einen Kaffee trinken. Beim Verlassen der Gruppe trifft er auf Lia, die sich den Finger in der Tür eingeklemmt hat und heftig weint. Seine Kollegin Ina kleistert jedoch gerade mit einigen Kindern Laternen ein und müsste sich erst die Hände waschen und den klebrigen Kittel ausziehen, bevor sie Lia helfen könnte. Natürlich ist Hamza in diesem Moment noch immer erschöpft, möchte seine Ruhe haben und ungestört Kaffee trinken. Dennoch ist es für ihn selbstverständlich, dass er zunächst einen Kühlakku für Lia besorgt und sie so lange tröstet, bis sie sich beruhigt hat. Erst danach folgt Hamza seinem eigenen Bedürfnis und geht in die Pause.

Beispiel 2:
Erzieherin Heike kämpft schon den ganzen Morgen mit Kopfschmerzen und merkt, dass sie auf wild tobende Kinder heute gereizt und ungehalten reagiert. Nun sitzt sie mit einigen Kindern in der Kuschelecke und möchte ein Buch vorlesen. Nur einen Meter entfernt sitzt Jannis und probiert, ganz in sein Tun versunken, verschiedene Musikinstrumente aus. Eigentlich ist es Heikes pädagogischer Leitsatz, Kinder nicht aus intrinsisch motiviertem Spiel zu reißen, doch mit diesen Kopfschmerzen und bei

dieser Geräuschkulisse zu lesen, scheint unmöglich und sie spürt, wie ihr Stresspegel steigt. Also stellt Heike ihr Bedürfnis nach Ruhe über Jannis' Bedürfnis nach ungestörtem Spiel und bittet ihn, in den Nebenraum zu gehen.

In Beispiel 1 ist das akute Bedürfnis von Lia unumstritten das wichtigere, in der zweiten Situation ist das Bedürfnis von Jannis jedoch weniger elementar. Hier hat Erzieherin Heike Spielraum und kann ihrem Bedürfnis die oberste Priorität einräumen – und zwar auch auf die Gefahr hin, dass Jannis alles andere als begeistert auf die Unterbrechung reagieren wird und eventuell nicht wieder so intensiv in seinem Spiel versinken kann.

Bedürfnisorientierung heißt nicht, zu jeder Zeit und immer unmittelbar auf die Bedürfnisse von Kindern einzugehen. Bedürfnisorientierung heißt, die Bedürfnisse aller im Blick zu haben – auch die eigenen – und diese dann zu priorisieren bzw. zu verhandeln!

Für Ihre Selbstfürsorge heißt das ganz konkret: Wenn Sie sich über eine bestimmte Grenze hinaus belastet, traurig, wütend, gestresst oder angestrengt fühlen, so sollten Sie das ernst nehmen. Sie könnten beispielsweise in einem ruhigen Raum ein Glas Wasser trinken und ein paar Mal bewusst atmen, kurz an die frische Luft gehen, mit einer Kollegin oder einem Kollegen sprechen. Auch können Sie Ihre Pause vorziehen oder die Kolleg*innen darum bitten, an Ihrer Stelle eine Konfliktsituation zwischen Kindern zu lösen, wenn Sie sich dazu nervlich gerade nicht in der Lage sehen. Wie genau Sie an einer solchen Stelle für sich sorgen, ist Ihnen überlassen, wichtig ist nur, dass Sie es tun!

Wenn Sie selbst gut für sich sorgen, gehen Sie als gutes Vorbild in Sachen Selbstwahrnehmung und Selbstregulation voran. Je mehr Sie hingegen Ihre eigenen Bedürfnisse ignorieren, desto schwerer wird Ihnen eine bedürfnisorientierte Haltung den Kindern gegenüber fallen.

Der folgende Fragebogen hilft Ihnen dabei, sich über Ihre eigenen Bedürfnisse und deren Erfüllung bzw. Nicht-Erfüllung klarer zu werden.

Selbstreflexion

Eigene Bedürfnisse

Fragen an mich selbst

Welche Bedürfnisse haben für mich grundsätzlich Priorität?

Welche Bedürfnisse sind aktuell ein großes Thema für mich?

Was geschieht, wenn meine Bedürfnisse übersehen werden und/oder keinen Raum bekommen?

Welche Gefühle und welche Verhaltensmuster werden typischerweise provoziert, wenn meine Bedürfnisse über einen längeren Zeitraum nicht erfüllt werden?

In welchen Situationen des Arbeitsalltags fühle ich mich:

- motiviert und energiegeladen?
- sicher, ausgeglichen und friedlich?
- glücklich und zufrieden?
- fröhlich und unbeschwert?
- zuversichtlich und positiv?
- belastet und gestresst?
- erschöpft und überfordert?
- unsortiert, unsicher und nervös?
- wütend und streitlustig?
- entmutigt und verzweifelt?

Die Atmosphäre im Team

Auch wir Erwachsenen haben die Bedürfnisse nach Zugehörigkeit, Verbundenheit, Wertschätzung und Anerkennung und so macht es einen immensen Unterschied, ob wir uns im Team aufeinander verlassen können und uns gegenseitig unterstützen oder ob wir als Einzelkämpfer*innen eher nebeneinanderher oder gar gegeneinander arbeiten. In diesem Zusammenhang können Sie sich fragen, ob sich das Kleinteam oder auch die gesamte Einrichtung als „Wir" empfindet, wie viel Vertrauen untereinander herrscht und ob gegenseitige Unterstützung und Entlastung selbstverständlich oder eher selten ist. Wird es Ihnen beispielsweise als Schwäche ausgelegt, wenn Sie einen Kollegen oder eine Kollegin darum bitten, eine heikle Situation zu entschärfen, weil Sie selbst dazu gerade nicht das entsprechende Nervenkostüm haben? Können Sie Konflikte oder eigene Befindlichkeiten offen ansprechen und herrscht im Team eine gewaltfreie Kommunikation vor?

Eine wichtige Voraussetzung dafür, im Kita-Alltag achtsam mit den eigenen Bedürfnissen umgehen zu können, ist ein wertschätzendes Klima zwischen den Kolleg*innen – zum einen, weil Sie der Aufgabe einer bedürfnisorientierten Arbeit dauerhaft nur als Team gerecht werden können, zum anderen, weil Sie durch Ihre Vorbildfunktion einen großen Effekt auf das Empfinden, die innere Haltung, die Entwicklung von Lebenskompetenzen sowie das Verhalten der Kinder haben. Die Art und Weise, wie Sie als verantwortliche Erwachsene untereinander interagieren und kommunizieren, prägt die Beziehungskultur und Sozialkompetenzen von Kindern entscheidend und ist somit von großer Bedeutung für die Prävention von Mobbing.

Die folgenden Fragen zur Selbstreflexion können Sie dabei unterstützen, sich über Ihr Verhältnis zum Team bewusst zu werden und über Maßnahmen der Veränderung nachzudenken.

Selbstreflexion

Zusammenarbeit im Team

Fragen an mich selbst	ja	nein
Empfinde ich die Atmosphäre in meinem Gruppenteam als unterstützend und wertschätzend?		
Empfinde ich die Atmosphäre in der Einrichtung als unterstützend und wertschätzend?		
Habe ich Vertrauen in die pädagogische Arbeit meiner Kolleg*innen?		
Empfinde ich die Zusammenarbeit mit der Einrichtungsleitung als wertschätzend und von Offenheit und Gleichwürdigkeit geprägt?		
Gibt es regelmäßig die Möglichkeit zur kollegialen Fallberatung und anderweitig organisiertem Austausch?		
Haben meine Bedürfnisse im Team ausrechend Raum?		
Kann ich mich in meinem Arbeitsumfeld weiterentwickeln?		
Kann ich authentisch sein oder kennen mich meine Kolleg*innen nur in meiner Rolle als Erzieher*in?		
Gibt es Möglichkeiten, mich konzeptionell einzubringen? Werden meine Vorschläge gehört?		
Werden in meiner Einrichtung Möglichkeiten zum Team-Building angeboten? (z. B. Team-Supervision)		
Kann ich Kolleg*innen um Hilfe bitten, wenn mein Belastungspegel aktuell zu hoch ist? (Kann ich z. B. jemanden bitten, mir eine Fünf-Minuten-Auszeit zu verschaffen?)		
Muss ich Angst haben, dass mir das als Schwäche ausgelegt und zu einem anderen Zeitpunkt gegen mich verwendet wird?		
Können Kolleg*innen mich um Hilfe bitten?		
Kann ich konstruktive Kritik meiner Kolleg*innen annehmen?		
Kann ich Kritik konstruktiv äußern?		
Können die Kolleg*innen meine konstruktive Kritik annehmen?		

Gewaltfreie Kommunikation (GFK)

Bereits in den 1960er-Jahren beschrieb Marshall B. Rosenberg, ein US-amerikanischer Psychologe und Mediator, das Konzept der gewaltfreien Kommunikation (vgl. Rosenberg 2016). Unter Berücksichtigung der unterschiedlichen Bedürfnisse der Gesprächsteilnehmer*innen verfolgt die Gewaltfreie Kommunikation (GFK) als Kommunikationsstrategie das Ziel, einen friedlichen verbalen Austausch zwischen mindestens zwei Gesprächspartner*innen zu gewährleisten, einen Perspektivwechsel zu ermöglichen und Empathie zu stärken.

In der GFK geht es um ...

- die Berücksichtigung der verschiedenen Bedürfnisse,
- den Ausdruck der eigenen Bedürfnisse, ohne das Gegenüber anzugreifen,
- die Gleichwertigkeit der Gesprächspartner*innen und das respektvolle Kommunizieren auf Augenhöhe,
- die Förderung des Einfühlungsvermögens,
- das Formulieren von Bitten ohne Drohung, Manipulation oder Erpressung,
- die Auflösung ungünstiger Muster, wie Verteidigung, Rückzug und Angriff,
- die konstruktive Klärung von Konflikten,
- den Erwerb der Fähigkeit, Vorwürfe und Kritik nicht persönlich zu nehmen,
- die Entwicklung von Problemlösungen, die für alle gewinnbringend sind,
- die Förderung von Wertschätzung,
- die Gestaltung erfüllender Beziehungen.

vgl. auch Rosenberg 2016

Zur Verdeutlichung seiner Idee wählte Rosenberg zwei Tiere als Stellvertreter*innen für eine wertschätzende bzw. eine gewaltvolle Kommunikation aus. Der knurrende Wolf repräsentiert dabei diejenigen Anteile, die einer Verbindung untereinander im Wege stehen. Demgegenüber steht die Giraffe mit ihrem Weitblick und großen Herzen und repräsentiert die Strategien, die auf Harmonie abzielen und eine friedliche Lösung vorantreiben.

Der Wolf	Die Giraffe
→ macht Vorwürfe	→ beobachtet
→ macht Zuschreibungen/wird persönlich (Du-Botschaften)	→ benennt ihre Gefühle (Ich-Botschaften)
→ verallgemeinert	→ äußert ihr konkretes Bedürfnis
→ spricht Drohungen und Ultimaten aus	→ formuliert eine Bitte

Als Leitlinie für eine mitfühlende und verbindende Sprache ergeben sich daraus vier konkrete Schritte bzw. die vier Bs der GFK:

- Beobachtung
- Befinden/Gefühl
- Bedürfnis
- Bitte.

Ein Beispiel:
Erzieherin Franzi kommt in die Gruppe und ärgert sich. Ohne groß nachzudenken, macht sie ihrem Unmut Luft und spricht wie der **Wolf**:

- *„Das kann ja wohl nicht euer Ernst sein. Wie sieht es denn hier aus?“* (Vorwurf)
- *„Luna, hast du schon wieder das Puzzle nicht anständig weggeräumt?“* (Zuschreibung)
- *„Ich habe euch schon tausend Mal gesagt, dass ihr die Teile in den Karton zurückräumen sollt.“* (Verallgemeinerung)
- *„Das geht so nicht. Wenn ihr das nicht sofort wegräumt, könnt ihr diese Spiele nicht mehr haben.“* (Drohung)

Welche Gefühle und Bedürfnisse könnten hinter dem Verhalten dieser Erzieher*in stecken? Vermutlich ist Franzi überfordert oder stark belastet und braucht Ordnung und Unterstützung. Wie könnte Franzi die Situation im Sinne der GFK lösen?

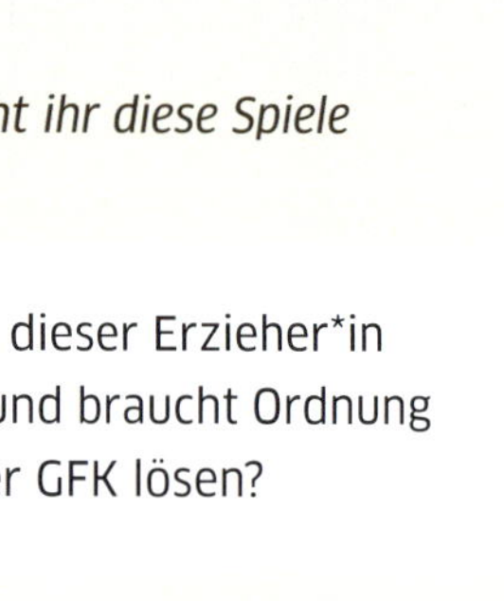

Das gleiche Beispiel noch einmal:
Erzieherin Franzi kommt in die Gruppe und ärgert sich. Bevor sie mit den Kindern spricht, erinnert sie sich an die **Giraffe** und die vier Säulen der GFK:

- *„Hier ist es sehr unordentlich. Schaut mal, die Puzzleteile liegen überall verteilt.“* (Beobachtung)
- *„Ich komme damit nicht gut zurecht. Ich verliere den Überblick und das macht mir Stress.“* (Befinden)
- *„Mir ist wichtig, dass wir Ordnung halten, damit unsere Spielsachen nicht verloren oder kaputtgehen.“* (Bedürfnis/Erklärung)
- *„Bitte räumt das Puzzle wieder ein.“* (Bitte)

Abb. Wolf und Giraffe: Anna-Lena Kühler

Wenn wir Erwachsenen ehrlich zu uns selbst sind, stellen wir fest, dass wir uns schon so sehr an den Wolf gewöhnt haben, dass wir uns als Giraffe hölzern und unauthentisch vorkommen. Genau das sollte uns zu denken geben. Warum fällt es uns viel leichter, eine anklagende, drohende und verurteilende Sprache zu wählen? Wieso finden wir den friedlichen Weg befremdlich? Die einfache Antwort: weil wir mit dieser Form des Adultismus groß geworden sind, weil wir diese Form der Kommunikation über Jahrzehnte selbst erfahren haben. Es bedarf daher einer immer wieder neu gestarteten Selbstreflexion, um ein Gespür dafür zu bekommen, wie wir in welcher Situation sprechen – und welche Alternativen wir bislang ungenutzt lassen.

Viele Erwachsene neigen dazu, aufzuzählen, was sie noch alles tun müssen. Auch im hektischen Kita-Alltag ist die To-do-Liste oft lang und belastend. Nehmen wir an, ein Kind fragt Sie, ob Sie auch mit aufs Außengelände gehen. „Ich kann nicht, ich muss erst noch die Bewegungslandschaft vorbereiten", ist eine Antwort, die uns zunächst einmal ganz normal vorkommt. Was uns vielleicht nicht bewusst ist: Durch diese Formulierung legen wir unseren Fokus aufs „Müssen" und vermitteln sowohl dem Kind als auch uns selbst, dass wir fremdbestimmt und widerwillig agieren. Das Kind hört an dieser Stelle, dass Sie als Erzieher*in die Bewegungslandschaft nicht gerne vorbereiten, was seine Freude auf das bevorstehende Turnen trüben kann.

Eine ganz andere Wirkung hat folgende Formulierung: „Ich möchte euch erst noch die Bewegungslandschaft vorbereiten, weil ich weiß, wie viel Spaß ihr daran habt. Danach komme ich gerne mit raus." In dieser Formulierung liegt der Fokus nicht auf einer lästigen Pflicht, sondern auf der Sinnhaftigkeit und dem positiv belegten Ziel Ihres Vorhabens. Das Kind wird sich an dieser Stelle gleich zweifach freuen: erstens über die bevorstehende Turnstunde und zweitens darüber, dass Sie nachkommen werden, sobald Sie Zeit haben. Gleicher Inhalt, andere Wirkung. Und zwar sowohl für die Empfänger*innen unserer Botschaft als auch für uns selbst!

Die folgenden Fragen können Ihnen dabei helfen, sich darüber klar zu werden, ob Ihre Kommunikation auch gewaltvolle oder ungünstige Anteile hat.

Selbstreflexion

Gewaltfreie Kommunikation

Fragen an mich selbst	ja	nein
Teile ich Verhalten von Kindern automatisch in „falsch“ und „richtig“ ein?		
Setze ich Entweder-oder-Formulierungen ein?		
Setze ich Wenn-dann-Formulierungen ein?		
Benutze ich Du-Botschaften? („Du sollst nicht ...“, „Du bist ...“)		
Benutze ich Man-Botschaften („So was macht man nicht ...“)		
Benutze ich vorwurfsvolle Fragen? („Wieso machst du denn so was?“)		
Benutze ich eine verallgemeinernde Sprache? („immer ...“, „schon wieder ...“, „jedes Mal ...“, „nie ...“)		
Beende ich Situationen mit einem „Machtwort“? („Schluss jetzt!“, „Keine Diskussion mehr!“, „Ich will nichts mehr hören!“)		
Nutze ich meine Macht sprachlich aus? („Weil ich es sage ...“)		
Setze ich Ultimaten? („Ich zähle bis drei ...“)		
Fallen mir authentische Ich-Botschaften schwer? („Ich möchte das nicht, weil ...“)		
Fallen mir Bitten schwer? („Ich bitte dich, XY zu tun ...“)		
Sage ich „ich muss“ statt „ich möchte“?		

Die eigene Prägungsgeschichte

Doch warum agieren und reagieren wir eigentlich genau so, wie wir es tun? Warum formulieren wir oft so unbewusst? Weshalb schafft es die eine Kollegin so gut, die Giraffensprache umzusetzen, während die andere eher aufbrausend und im übertragenen Sinne wie ein Wolf agiert? Wieso fühlen wir uns von bestimmten Verhaltensweisen der Kinder provoziert, während die Kollegin gar nicht verstehen kann, worüber wir uns eigentlich aufregen?

Zum einen liegt es, wie oben schon angedeutet, daran, dass wir nicht alle die gleichen Sprachvorbilder hatten und auch die aktuelle Art der Kommunikation in unseren Lebensumfeldern variiert. Darüber hinaus ist unser Verhalten – ebenso wie bei den Kindern – von Bedürfnissen gesteuert, inklusive der damit verbundenen positiven oder negativen Gefühle.

Auch wir Erwachsenen waren einmal Kinder, die ganz und gar abhängig davon waren, dass unsere Bezugspersonen unsere Bedürfnisse erkannten und adäquat darauf reagierten. Auch wir waren einmal auf Unterstützung bei der Emotionsregulation angewiesen, auch wir haben eine innere Kontrollüberzeugung, eine positive oder negative Bindungsrepräsentation, einen funktionierenden oder gestörten inneren Kompass sowie ein bestimmtes Mindset. Und ebenso stehen auch wir unter dem Einfluss aktueller Gegebenheiten, Belastungen und Erfahrungen sowie der Gefühle, die damit einhergehen.

Um den Kindern in Ihrer Gruppe ein positives Vorbild sein zu können, brauchen Sie also ein Bewusstsein darüber, welche Kommunikations- und Interaktionsmuster für Sie eine Selbstverständlichkeit darstellen, sowie die Bereitschaft, diese unbewussten Muster zu überprüfen und gegebenenfalls zu verändern. Zum einen geht es darum, sich bewusst zu machen, welche Prägungen aus der Kindheit noch immer Einfluss auf das eigene Fühlen, Denken, Handeln und Kommunizieren haben. Zum anderen ist es wichtig, auch die eigene aktuelle Verfassung zu berücksichtigen.

Die folgenden Fragen können Ihnen dabei helfen, Ihren eigenen Prägungen und den damit verbundenen Haltungen auf die Spur zu kommen.

Selbstreflexion *

Die eigene Prägung 1/2

Fragen an mich selbst	ja	nein	freie Antwort
Hatte ich als Kind verlässliche und feinfühlige Bezugspersonen, die mir bedürfnisorientiert begegneten?			
Welches Bild von Beziehungen konnte ich aufbauen?			
Welches Bild von Kindheit und Kindsein habe ich durch meine eigene Prägung verinnerlicht?			
Sind mir Erwachsene in meiner Kindheit wertschätzend und auf Augenhöhe begegnet?			
Gab es Beziehungsabbrüche in meiner Kindheit?			
Konnten alte Verletzungen inzwischen geheilt werden?			
Waren meine Eltern autoritär oder bin ich mit einem autoritativen Erziehungsstil groß geworden?			
Gab es viele Verbote, Pflichten und Regeln?			
Wie wurde mit Regelverstößen umgegangen? Wurde ich bestraft?			
Habe ich körperliche Gewalt oder verbal entwürdigendes Verhalten erlebt?			
Für welche Verhaltensweisen wurde ich als Kind gelobt?			
Welche Verhaltensweisen von mir wurden abgelehnt?			
Welche Rechte, z. B. Möglichkeiten zur Partizipation, wurden mir eingeräumt?			
Welche Bedürfnisse wurden erfüllt?			
Welche Bedürfnisse blieben eher unerfüllt?			
Durfte ich mit allen Sinnen Kind sein? Durfte ich laut, wild, schmutzig und chaotisch sein?			
Durfte ich intrinsisch motiviert und frei von Vorgaben und messbaren Zielen spielen?			

Selbstreflexion*

Die eigene Prägung 2/2

Fragen an mich selbst	ja	nein	freie Antwort
Gab es in meiner Kindheit Raum für Erholung, Verarbeitung und Pausen?			
Galt ich als „faul", wenn ich nichts „Produktives" oder „Sinnvolles" getan habe?			
Gab es Erwartungen an mich?			
Bin ich diesen Erwartungen gerecht geworden?			
Wie habe ich mich in Bezug auf diese Erwartungshaltung gefühlt?			
Waren die Kommunikation und Interaktion meiner Bezugspersonen mir gegenüber angepasst an das jeweilige Entwicklungsalter?			
Wurde gewaltfrei kommuniziert?			
Wurde ich vor Überforderung geschützt?			
Wurde ich vor Unterforderung geschützt?			
Wurde ich „klein" gehalten oder durfte ich wachsen?			
Wurde ich bei der Emotionsregulation unterstützt?			
Welche Werte wurden mir vorgelebt?			
Welche Werte habe ich übernommen?			
Wurden Werte wie Authentizität, Empathie und Ehrlichkeit in meiner Familie gelebt?			
Haben sich meine Bezugspersonen bei eigenem Fehlverhalten entschuldigt?			
Gab es eine positive Fehlerkultur in meiner Familie?			

* Dieser Selbstreflexionsbogen wurde erstellt in Anlehnung an Schmitz, Sybille (2022), S. 12.

Vielleicht denkt der eine oder die andere jetzt, dass es zu weit geht, sich so intensiv mit sich selbst und der eigenen Geschichte auseinanderzusetzen. Daher noch mal zur Erklärung: Prävention von Mobbing funktioniert vor allem über eine bindungs- und bedürfnisorientierte Erziehung von Kindern und die damit verbundene Stärkung ihrer sozialen und emotionalen Entwicklung bzw. Kompetenzen. Was wir also brauchen, sind erwachsene Bezugspersonen, die reflektiert und bewusst handeln. Und das wiederum können sie nur dann tun, wenn sie sich ihrer eigenen Prägungen und der daraus resultierenden Emotionen, Verhaltensmuster und Interpretationsmechanismen sowie ihrer Sozialkompetenzen bewusst sind.

Auf den Punkt gebracht:

Eine bindungs- und bedürfnisorientierte Haltung stellt innerhalb der Mobbing-Prävention eine der wichtigsten Säulen dar. Dabei geht es um verschiedene Teilaspekte: die Beziehungsgestaltung zu den Kindern, eine gewaltfreie Art der Kommunikation, die Reflexion eigener Bedürfnisse vor dem Hintergrund der eigenen Prägungsgeschichte sowie um die Atmosphäre innerhalb des Teams.

Das Wir-Gefühl

Mobbing ist grundsätzlich ein Gruppenphänomen und hat als Voraussetzung, dass es Ermöglicher*innen bzw. eine bestimmte Gruppendynamik gibt. Insofern spielt das Wir-Gefühl in der Gruppe, auch Gruppenkohäsion genannt, für die Prävention von Mobbing eine entscheidende Rolle.

Das Wir-Gefühl beschreibt die Qualität der Beziehungen innerhalb einer Gruppe bzw. die Bindung der einzelnen Mitglieder an diese Gruppe. Damit sich Menschen zu einer Gruppe zugehörig fühlen, sind ähnliche Interessen und gemeinsame, Freude bringende Aktivitäten bei gleichzeitiger Wertschätzung und Achtung vor der Individualität jedes einzelnen Gruppenmitglieds wichtig. Das daraus resultierende Gefühl von Zusammenhalt und Zugehörigkeit bestimmt das Gruppenklima.

Fakt ist: Wenn das Gruppenklima von Respekt, Wertschätzung und Gleichwürdigkeit geprägt ist und wenn es darüber hinaus klare und nachvollziehbare Regeln gibt, so wird ein Angriff auf ein einzelnes Mitglied der Gruppe als Gefährdung der gesamten Gruppe verstanden. Fühlen sich Kinder für einander und das Klima innerhalb der Gruppe verantwortlich, werden solche Angriffe nicht geduldet. Im Optimalfall kann Mobbing so im Keim erstickt werden, weil den Täter*innen keine Plattform geboten wird.

Zur Erinnerung: Das Ausgrenzen einzelner Kinder dient der Selbstwerterhöhung der agierenden Kinder und soll das Zugehörigkeitsgefühl der Gruppe der nicht ausgeschlossenen Kinder stärken. Für das ausgeschlossene Kind bedeutet dieses Vorgehen die Verletzung seiner Grundbedürfnisse nach Verbundenheit und Zugehörigkeit sowie seiner Würde.

Auf den Punkt gebracht:

Bei einem ausgeprägten Wir-Gefühl ist der Wunsch, in einer Gruppe unsoziales Verhalten zu unterbinden, größer, während die Gruppe der Ermöglicher*innen deutlich kleiner ist. Insofern stellt das Wir-Gefühl eine Art Schutzschild gegen Mobbing dar.

Faktoren zur Stärkung des Wir-Gefühls

Wollen Sie als Erzieher*in das Wir-Gefühl in der Gruppe stärken, sollten Sie sich mit folgenden Aspekten auseinandersetzen:

- **Hilfsbereitschaft, Kooperation und Teamgeist:** In unserer modernen Leistungsgesellschaft geht es allzu oft um Konkurrenz, Erfolg und den Vergleich mit anderen. Lernen Kinder stattdessen, dass sich Kooperation und Hilfsbereitschaft lohnen und dass das Team nur so gut ist wie sein Teamgeist, so ist für das Wir-Gefühl schon viel gewonnen. Kinder, die Genugtuung nicht über den Sieg in einem Wettstreit erlangen, sondern durch das gemeinsame Erreichen eines Ziels, sind deutlich weniger anfälliger für das System von „Stark gegen Schwach“, das Mobbing zugrunde liegt.
- **Gleichwürdigkeit:** Ähnlich verhält es sich mit dem Erleben von Gleichwürdigkeit. Lernen Kinder, dass ihre Gedanken und Gefühle ebenso ernst genommen werden wie diejenigen anderer Kinder sowie der verantwortlichen Erwachsenen, haben sie ein deutlich höheres Selbstwertgefühl. Sie stehen weniger unter Druck als Kinder, die sich nicht gesehen und nicht ernst genommen fühlen. Oft ist es aber genau dieser Druck, der im Mobbing seine Ausdrucksform findet.
- **das Ich als Teil des Wir:** Kinder, die sich selbst als wertvollen Teil eines Ganzen wahrnehmen, erleben auch die Einzigartigkeit der anderen Mitglieder der Gruppe als Bereicherung. Sie können die eigenen Bedürfnisse und die Bedürfnisse anderer in Konfliktsituationen miteinander verhandeln und wachsen an und in sozialen Situationen dieser Art. Die Unterdrückung anderer Mitglieder der Gruppe kommt ihnen als Strategie zur Selbstwerterhöhung nicht in den Sinn.
- **Authentizität:** Lernen Kinder, dass sie um ihrer selbst willen geliebt werden, verhalten sie sich in der Regel authentisch. Sie zeigen sich in der Gruppe mit all ihren

Gefühlen und ihren Schwächen und vertrauen darauf, dass sie keine Rolle spielen müssen, um Anerkennung zu finden. Diese Kinder laufen seltener Gefahr, die Gruppe zur Selbstwertaufwertung zu missbrauchen, und stabilisieren dadurch das Gruppengefüge.

- **Perspektivwechsel und Empathie:** Lernen Kinder, ihre eigenen Gefühle wahrzunehmen und zu verstehen, so sind sie ab einem Alter von drei bis fünf Jahren in der Lage, auch die Gefühle anderer Menschen wahrzunehmen und die Perspektive zu wechseln. Das damit einhergehende Verständnis für die Position, die Gedanken, Gefühle und Verhaltensweisen anderer hilft in hohem Maß beim Aufbau einer lösungsorientierten Haltung sowie von Konflikt- und Problemlösestrategien. Und dies wiederum sind bedeutsame Kompetenzen für ein positives Gruppenklima und somit für ein starkes Wir-Gefühl.
- **Partizipation und Demokratie:** Kinder, für die es eine Selbstverständlichkeit ist, dass ihre Meinung gehört wird und ihre Bedürfnisse berücksichtigt werden, erleben sich selbst als wirksam und als wertvoll für die Gruppe. Sie haben ein demokratisches Grundverständnis und schöpfen ihre Möglichkeiten zur Partizipation sinnvoll aus. Infolgedessen haben sie eine Selbstwerterhöhung durch Machtausübung nicht nötig.
- **gemeinsame Werte und Regeln:** Sind Kinder an der Erarbeitung von Regeln beteiligt, fällt es ihnen viel leichter, diese nachzuvollziehen und für ihre Einhaltung einzutreten. Die gemeinsam gelebten Werte sowie der Fokus auf Gemeinsames (statt auf Unterschiede) schweißen zusammen und steigern somit das Wir-Gefühl.
- **gemeinsame Ziele und Erfolge:** Gemeinsame Anstrengungen, Ziele oder Prozesse, die zu einem erfreulichen Ergebnis und schönen Erinnerungen führen, stärken das Selbstvertrauen, den Selbstwert und natürlich auch das Wir-Gefühl.
- **Vielfalt und Toleranz:** Immer dann, wenn das Augenmerk in einer Gruppe stark auf die Unterschiede ihrer einzelnen Mitglieder gelegt wird, schwächt dies das Wir-Gefühl. Toleranz und Wertschätzung von Vielfalt sowie die bewusste Suche nach Gemeinsamkeiten hingegen stärken das Gemeinschaftsgefühl und sind ein guter Schutz gegen die Bildung von Vorurteilen. Der Idee, einen Angriff auf ein Mitglied der Gruppe (wie es bei Mobbing der Fall ist) mit dessen Andersartigkeit zu begründen, wird so die Grundlage entzogen.

Praxistipp: Eine „Wir-Gefühl-Werkstatt" durchführen

Aufgrund der hohen Bedeutung des Wir-Gefühls ist es natürlich sinnvoll, dieses fortlaufend und situativ zu stärken. Sie können aber auch eine Wir-Gefühl-Werkstatt durchführen oder einzelne Bausteine eines solchen Projekts. Bei der Umsetzung der folgenden Anregungen sind Ihrer Kreativität keine Grenzen gesetzt!

Einstieg

Als Einstieg empfiehlt sich beispielsweise das Buch „Das kleine WIR im Kindergarten" von Daniela Kunkel. Der Leitspruch der „WIR"-Bücherreihe von Daniela Kunkel ist: „Das WIR entsteht immer da, wo Menschen sich mögen" (Kunkel 2020, S. 6). Das „WIR" wird dabei als zotteliges, kuscheliges und freundliches, grünes Wesen dargestellt, das immer und überall dabei ist. In dieser Geschichte der Reihe geht es um einen Jungen, der neu in eine Kindergartengruppe kommt, in der bereits ein „WIR" existiert, und darum, wie er ins „WIR" integriert wird.
Ausgehend von der Idee des „kleinen WIR", das die Gruppe zusammenhält, können die Kinder ein eigenes „kleines WIR" gestalten. Die Erzieher*innen malen hierfür die Umrisse eines „kleinen Wir" auf ein Plakat und die Kinder dürfen es frei gestalten. Ist das „WIR" dieser Gruppe auch grün wie im Buch oder vielleicht ganz bunt? Hat es eine gepunktete statt einer gestreiften Nase und hat es vielleicht noch viel mehr Blumen auf dem Kopf? Der Kreativität sind keine Grenzen gesetzt. Anschließend wird das „WIR"-Plakat in der Gruppe aufgehängt und/oder ein Foto des gestalteten „WIR" an die Geburtstagswand oder neben das Gruppenbild gehängt.

Hilfsbereitschaft, Kooperation und Teamgeist

In der ersten Einheit spielen die Kinder das Spiel: „Wir reisen nur gemeinsam". Angelehnt an das bekannte Spiel „Reise nach Jerusalem", tanzen oder laufen sie um vier Stühle herum (je nach Gruppengröße braucht es mehr Stühle). Wenn die Musik stoppt, besetzen vier Kinder diese Stühle. Die anderen laufen weiter, bis die Musik erneut stoppt. Nun müssen weitere vier Kinder Platz auf den vier Stühlen finden. Die Kinder rücken zusammen, manche setzen sich auf den Schoß anderer Kinder, manche auf die Lehne. Am Ende müssen alle Kinder der Gruppe auf den vier Stühlen Platz finden. Denn klar ist: Wir reisen nur gemeinsam und niemand wird zurückgelassen! Am Ende können sich die Kinder mithilfe der Erzieher*innen darüber austauschen, was sich bei diesem Spiel im Gegensatz zur „Reise nach Jerusalem" anders angefühlt hat und wie sie sich als Gruppe erlebt haben.

Gemeinsame Werte und Regeln

Die Erzieher*innen hängen ein Plakat auf, auf dem die Gruppenregeln stehen (mit Symbolen). Im Sitzkreis bekommt jedes Kind die Gelegenheit, zu sagen oder zu zeigen, welche Gruppenregeln ihm am wichtigsten sind (nicht mehr als drei). Die Erzieher*innen visualisieren die Ergebnisse durch Striche oder Stecknadeln auf dem Plakat. Nach und nach entsteht so eine Gewichtung – einige Gruppenregeln werden häufig genannt, andere weniger oft. Dies bietet eine gute Chance für ein Gespräch über die Bedeutung der Regeln. Warum halten die Kinder bestimmte Regeln für besonders wichtig? Warum sind ihnen andere Regeln weniger wichtig? Gibt es Einigkeit in der Gruppe oder sind den Kindern ganz unterschiedliche Regeln wichtig? Fehlt den Kindern eine Regel?

Das Ich als Teil des Wir

Jedes Kind stellt mithilfe der Erzieher*innen ein „Ich-Buch" her. In diesem kann es anhand von Fotos, Bildern, Stickern, Symbolen und anderen Hilfsmitteln darstellen, wo bzw. wie es wohnt, welche Spiele und Spielsachen es mag, wo und was es am liebsten spielt, was es gerne isst und was es gar nicht mag, was es besonders gut kann und was ihm noch schwerfällt und was ihm am Kindergarten am besten gefällt. In jedes Ich-Buch kommt zusätzlich ein Gruppenfoto. Die „Ich-Bücher" werden in der Gruppe ausgelegt, sodass sich die Kinder wechselseitig ihre Bücher vorstellen und ins Gespräch kommen können.

Perspektivwechsel, Empathie, Gleichwürdigkeit und Authentizität

Mithilfe eines Bilderbuchs lernen die Kinder, die Perspektive zu wechseln, sich in andere Personen hineinzuversetzen und Verständnis für die Gefühle und Verhaltensweisen anderer zu entwickeln. Ich empfehle an dieser Stelle ganz besonders die Biber-Bücher von Heidemarie Brosche: „Hauptsache, wir vertragen uns wieder" (vgl. Brosche 2022) und „Und trotzdem habe ich dich immer lieb!" (vgl. Brosche 2020).
Das Spezielle an diesen Büchern ist, dass sie in authentischer Art und Weise die Beziehung zwischen einem Kind und einer Erwachsenen (der Mutter) darstellen. Beide Figuren verhalten sich (wie im wahren Leben) so, dass es für das Gegenüber schwierig ist. Sehr kindgerecht wird hier der Zusammenhang zwischen Bedürfnissen, Gefühlen und Verhaltensweisen dargestellt und ein Perspektivwechsel inklusive Verständnis ermöglicht. Die Kinder können hier beispielsweise lernen, wie gut eine ehrliche Entschuldigung für das Wir-Gefühl ist. Diese Bilderbuchreihe bietet daher einen optimalen Einstieg in Gespräche zu den Themen „Gleichwürdigkeit", „Perspektivwechsel", „Empathie" und „Authentizität" – und zwar vor allem zwischen Erzieher*innen und Kindern.

Partizipation und Demokratie

Die Gruppe stimmt gemeinsam darüber ab, welches Projekt in den nächsten Wochen durchgeführt wird. Die Erzieher*innen stellen die möglichen Projekte vor und die Kinder erhalten eine Murmel oder einen Muggelstein. Für die einzelnen Projekte werden jeweils Symbole an die Wand gehängt und je ein Gefäß daruntergestellt. Nun können die Kinder entscheiden, für welches der Projekte sie ihre Murmel einsetzen.

Gemeinsam wird das Ergebnis ausgezählt und das Projekt mit den meisten Stimmen ausgewählt. Mögliche Projekte könnten sein:

- Kresse oder andere Kräuter aussäen
- Schmetterlingsraupen aufziehen
- Kristalle züchten
- ...

Gemeinsame Ziele und Erfolge

Gemeinsam kümmern sich die Kinder nun um das ausgewählte Projekt. Die Erzieher*innen achten darauf, dass sich die Kinder immer wieder in unterschiedlichen Gruppen zusammenfinden, um bestimmte Aufgaben zu erledigen. Jeden Tag werden Fotos zu dem Projekt gemacht, sodass die Kinder ein Fotobuch zur Erinnerung basteln können. Optimalerweise wächst dieses schon während des Projekts. Ist die Kresse reif, sind die Schmetterlinge geschlüpft etc., gibt es eine kleine Projektabschlussfeier (die Kresse wird gemeinsam gegessen, die Schmetterlinge werden freigelassen usw.).

Vielfalt und Toleranz

Das Buch „WIR alle" von Daniela Kunkel aus der „WIR"-Reihe eignet sich besonders gut für eine Zusammenfassung der verschiedenen Aspekte des Wir-Gefühls sowie für einen Fokus auf die Themen „Vielfalt und Toleranz". Es greift sehr anschaulich und kindgerecht auf, dass wir Menschen alle unterschiedlich sind (Körperform, Sprache, Wohnsituation, Träume und Wünsche, Talente, Gefühle etc.), dass uns aber auch eine Menge verbindet und wir alle gleich wertvoll sind. Gemeinsam mit den Erzieher*innen finden die Kinder Unterschiede und vor allem Gemeinsamkeiten der Gruppenmitglieder (drei Kinder haben eine Brille, vier spielen Fußball, nur ein Kind kann Spanisch sprechen, alle Kinder mögen Schokolade etc.) und lernen, dass genau diese Mischung die Gruppe ausmacht. Das selbst gestaltete Wir vom Anfang kann hier noch einmal als Gesprächsanlass für die bunte Vielfalt in der Gruppe genutzt werden.

Abschluss

Zum Schluss legen die Erzieher*innen einen Arztkoffer in die Kreismitte. Es geht darum, Instrumente dafür zu haben, wenn das Wir-Gefühl nicht stimmt bzw. gestört ist. Gemeinsam mit den Kindern überlegen die Erzieher*innen nun, was sie in diesen „Wir-Gefühl-Notfallkoffer" legen können.

- ein Buch zum Thema
- eine Abschrift der Gruppenregeln
- ein Gruppenfoto
- ein Foto des selbst gestalteten „kleinen Wir"
- ...

Erzieher*innen und Kinder treffen die Verabredung, dass der Notfallkoffer immer dann zu Hilfe genommen wird, wenn das Wir-Gefühl der Gruppe geschwächt oder gar gestört ist – z. B. wenn Kinder ausgegrenzt wurden. Die Erzieher*innen ermutigen die Kinder, den Koffer über den Beschwerdekasten oder die Beschwerdepinnwand oder auch die direkte Ansprache einzufordern.

Abb. 5: Wir-Gefühl auf einen Blick

Die folgenden Fragen können Ihnen dabei helfen, das Wir-Gefühl in Ihrer Gruppe zu reflektieren.

Selbstreflexion

Das Wir-Gefühl der Gruppe 1/2

Fragen an mich selbst	ja	nein
Ist die Förderung des Wir-Gefühls ein wichtiger Bestandteil meiner täglichen pädagogischen Arbeit?		
Herrscht in meiner Gruppe ein starkes Wir-Gefühl vor?		
Nehmen die Kinder Rücksicht aufeinander?		
Werden die Gruppenregeln eingehalten, die für das Miteinander wichtig sind?		
Helfen und unterstützen sich die Kinder gegenseitig?		
Gehen die Kinder offen, neugierig und tolerant aufeinander zu?		
Ist die Atmosphäre in der Gruppe wertschätzend und entspannt?		
Gibt es viele Kleingruppen?		
Kommt es häufig zu Konflikten, die sich nicht schnell wieder auflösen (lassen)?		
Geraten immer wieder dieselben Kinder aneinander?		
Gibt es Kinder in der Gruppe, die sich zurückziehen und wenig Anschluss haben?		
Gibt es dominante, kontrollierende Kinder in der Gruppe, die andere herumkommandieren und/oder erpressen?		
Gibt es besonders empathische Kinder oder Kinder mit einem ausgeprägten Gerechtigkeitssinn in der Gruppe?		
Führe ich in der Gruppe regelmäßig Projekte durch, die das Wir-Gefühl stärken?		
Machen wir gemeinsame Ausflüge, die das Wir-Gefühl stärken?		
Gibt es in meiner Gruppe Bücher, die das Thema „Wir-Gefühl" aufgreifen und die als Gesprächsanlass auch genutzt werden?		
Sprechen wir immer wieder auch über gemeinsame Erinnerungen, um das Wir-Gefühl zu stärken?		
Erlebe ich mich selbst als Teil des „Wir" in der Gruppe?		
Hebe ich hervor, wenn Kinder gemeinsam bzw. im Sinne des Wir-Gefühls agieren?		

Selbstreflexion

Das Wir-Gefühl der Gruppe 2/2

Fragen an mich selbst	ja	nein
Thematisiere ich das Wir-Gefühl, wenn es zu Konflikten kommt?		
Ist mir bewusst, dass das Wir-Gefühl eine Art Schutzschild gegen Mobbing darstellt? Nutze ich diesen Schutzschild?		
Gibt es gewaltbereite, aggressive Kinder in der Gruppe?		
Gibt es Kinder, die andere Kinder häufig im Spiel stören?		
Gibt es klare und für die Kinder nachvollziehbare Regeln der Kommunikation und Interaktion?		
Gibt es in der Gruppe positive gemeinsame Erinnerungen, an die alle gerne zurückdenken?		
Gibt es regelmäßig Momente, in der ein „Flow" in der Gruppe entsteht?		
Gibt es Rituale, die das Gruppengefüge stärken?		
Gibt es im Kita-Alltag genug Raum für Projekte und Aktionen, die das Gruppengefühl stärken?		
Werden die Bedürfnisse aller Mitglieder der Gruppe wahr- und ernst genommen?		
Wird darauf geachtet, dass die Integrität aller Mitglieder der Gruppe gewahrt bleibt?		
Gibt es etablierte Strukturen zur Partizipation, also zur Anbahnung demokratischen Denkens?		
Wird Diversität und Inklusion in der Gruppe gelebt, um Ausgrenzung vorzubeugen?		
Gibt es klare Regeln bzw. eine eindeutige Vorgehensweise, wenn sich Kinder unsozial verhalten?		
Positioniere ich mich unmittelbar bei unsozialem Verhalten?		
Fühle ich mich unsicher bei unsozialem Verhalten?		
Bespreche ich Beobachtungen, die mich verunsichern oder beschäftigen, mit meinen Kolleg*innen?		
Fühle ich mich sicher, Mobbing zu erkennen?		
Weiß ich, welche Vorgehensweise in meiner Einrichtung im Falle von Mobbing festgelegt wurde?		

Kinderrechte

In der Auseinandersetzung über die innere Haltung, die Interaktionsmuster von Erwachsenen und die Bedürfnisse von Kindern (und Erwachsenen) sind wir immer wieder dem Thema „Gleichwürdigkeit" begegnet. Kindern auf Augenhöhe zu begegnen und anzuerkennen, dass sie die gleiche Würde besitzen wie Erwachsene, ist der Kern der Gleichwürdigkeit. Auch die Umsetzung anderer Rechte, die Kinder haben oder haben sollten, ist in unserer Gesellschaft keine Selbstverständlichkeit.

Das große Problem, das ich an dieser Stelle sehe, besteht aus zwei Komponenten: Der Adultismus verhindert oftmals, dass Kindern ihre Rechte vermittelt und diese auch umgesetzt werden. Deshalb kennen Kinder ihre Rechte oftmals gar nicht und können folglich nicht für sie eintreten. Gleichzeitig erwarten wir aber von potenziellen Täter*innen, dass sie die Würde anderer Menschen achten und bestimmte Grenzen nicht überschreiten. Von den Opfern erwarten wir, dass sie sich wehren und sich verantwortungsvollen Erwachsenen anvertrauen. Und von den nicht direkt involvierten Kindern erwarten wir, dass sie aktiv werden zum Wohle des Opfers und der gesamten Gruppe. Wenn diese Kinder jedoch noch nicht einmal wissen, welche grundlegenden Rechte sie und andere Kinder haben, entbehrt diese Erwartungshaltung schlichtweg jeder Grundlage!

Kindern ihre Rechte zu vermitteln, muss daher ein zentraler Bestandteil der Wertevermittlung in der Kita sein! Schon 1989 definierten die Vereinten Nationen in der UN-Kinderrechtskonvention die Rechte von Kindern und verpflichteten sich zu deren Einhaltung. In Teil 1 Artikel 3 (1) heißt es diesbezüglich: „Bei allen Maßnahmen, die Kinder betreffen, gleichviel ob sie von öffentlichen oder privaten Einrichtungen der sozialen Fürsorge, Gerichten, Verwaltungsbehörden oder Gesetzgebungsorganen getroffen werden, ist das Wohl des Kindes ein Gesichtspunkt, der vorrangig zu berücksichtigen ist."

Deutsches Komitee für UNICEF e. V. (Hrsg.) (20.11.1989): Konvention über die Rechte des Kindes, S. 11

Verletzung von Kinderrechten durch Mobbing

Dass Kinderarbeit, Kinderprostitution, körperliche Gewalt oder Vernachlässigung sowie Krieg und unzureichende medizinische Versorgung dem Kindeswohl schaden und abgewendet werden müssen, ist unumstritten. Dass Mobbing ebenfalls gravierende Auswirkungen auf das Wohl des Kindes hat, wird jedoch leider immer noch bagatellisiert!

Im Folgenden seien die wichtigsten Kinderrechte und ihre Bedeutung für das Phänomen „Mobbing" dargestellt:

Gleichheit und Diskriminierungsverbot

Alle Kinder haben die gleichen Rechte. Kein Kind darf benachteiligt oder diskriminiert werden.

- Häufig nutzen Mobbingtäter*innen das vermeintliche Anderssein eines Kindes als Begründung für den Ausschluss aus der Gruppe und ihr unsoziales Handeln.
- Mobbingtäter*innen erhöhen sich über andere – das Gesetz der Gleichheit wird auf diese Weise missachtet.

Gesundheit

Kinder haben das Recht darauf, gesund zu leben, Geborgenheit zu finden und keine Not zu leiden.

- Mobbing gefährdet die psychische Gesundheit des Opfers und auch der sich hilflos fühlenden Zuschauer*innen gravierend.
- Vielen Täter*innen fehlt es an einem Umfeld, das ihre gesunde sozial-emotionale Entwicklung unterstützt.

Bildung

Kinder haben das Recht auf Bildung und darauf, in Bildungseinrichtungen zu lernen, die ihren Bedürfnissen, Begabungen und Fähigkeiten entsprechen und die die Entfaltung ihrer geistigen und körperlichen Fähigkeiten fördern. Aufgabe der Bildungseinrichtungen ist es, die folgenden Werte zu vermitteln:

- Achtung vor den Menschenrechten
- Achtung vor der eigenen Kultur, Sprache und Herkunft
- Achtung vor der Kultur, Sprache und Herkunft anderer Menschen
- Frieden und Demokratie
- Toleranz
- Gleichberechtigung der Geschlechter

vgl. Bundesministerium für Familie, Senioren, Frauen und Jugend 2019, S. 61 ff.

Darüber hinaus heißt es in Artikel 28 (2) der UN-Kinderrechtskonvention: „Die Vertragsstaaten treffen alle geeigneten Maßnahmen, um sicherzustellen, dass die Disziplin in der Schule in einer Weise gewahrt wird, die der Menschenwürde des Kindes entspricht und im Einklang mit diesem Übereinkommen steht."

Deutsches Komitee für UNICEF e. V. (Hrsg.) (20.11.1989): Konvention über die Rechte des Kindes, S. 33

Doch leider wird in unserem auf Leistung, Klassifizierung, Vergleichbarkeit und Konkurrenz ausgerichteten Schulsystem den oben aufgeführten Werten höchstens eine Nebenrolle zugestanden. Bildung und Lernen sind in Deutschland nicht bedürfnisorientiert ausgerichtet und auch die individuellen Begabungen von Kindern sowie die freie Entfaltung geistiger Fähigkeiten spielen nur eine untergeordnete Rolle.

In Bezug auf das Thema „Mobbing" hat dies verheerende Folgen:

- Wird Wertevermittlung vernachlässigt, erhöht sich das Risiko für ausgrenzendes Verhalten bzw. dafür, dass „das Fremde" als Begründung für Mobbing genutzt wird.
- Konkurrenz und Leistungsdruck schüren ein Denken von „Stark gegen Schwach".
- Das Lernklima sowie die Art, wie Schulstoff angeboten wird, provozieren Langeweile und Unzufriedenheit. Dies wiederum kann ein Motor für Mobbing sein.
- Durch eine mangelnde Anpassung des Unterrichts an Bedürfnisse und Begabungen der Kinder werden Selbstwahrnehmung und innerer Kompass gestört, was wiederum das Risiko für eine Störung der sozial-emotionalen Entwicklung erhöht.
- Immer wieder wird den Opfern von Mobbing zu einem Schul- oder Kita-Wechsel geraten. Damit werden nicht diejenigen zur Rechenschaft gezogen, die die Würde anderer Kinder angreifen, sondern diejenigen erneut erniedrigt, deren Würde sowieso schon angegriffen wurde. So wird die in Artikel 28 beschriebene Absicht nicht umgesetzt, sondern die Position der Opfer weiter geschwächt. Auch in der großen Gruppe der Ermöglicher*innen sorgt dieses Vorgehen für Unsicherheit.

Umso wichtiger ist eine grundlegende Reform des Schulsystems sowie eine Kita-Umgebung, die das Recht auf Bildung in all seinen Einzelpunkten (Achtung vor den Menschenrechten, Achtung vor der eigenen Kultur, Sprache und Herkunft, Achtung vor der Kultur, Sprache und Herkunft anderer Menschen, Frieden und Demokratie, Toleranz, Gleichberechtigung der Geschlechter) konsequent umsetzt.

Spiel und Freizeit

Kinder haben das Recht auf freie Zeit, auf Zeit zum Spielen und auf Erholung.
Immer mehr Eltern und auch Betreuungseinrichtungen missachten diese Rechte und stören dadurch die gesunde sozial-emotionale Entwicklung von Kindern. Nicht wenige haben schon ab dem Kleinkindalter ein Freizeitprogramm mit Aktivitäten, die die Eltern als sinnvoll erachten. Das Leben dieser Kinder ist oft komplett durchgetaktet. Zentrales Thema ist Anpassung, was fehlt, sind Möglichkeiten zu intrinsisch motiviertem Tun und

zu innerer Sammlung und Erholung. In Bezug auf Mobbing kann das folgende Probleme verursachen:

- Die Steuerung von außen schwächt die Selbstwahrnehmung, den inneren Kompass sowie den Erwerb von Lebenskompetenzen.
- Kinder, die sich nicht aus sich selbst heraus entwickeln können, sondern von außen gelenkt werden, sind auch sehr beeinflussbar durch Impulse von außen. Das Risiko für eine Unterordnung unter ein scheinbar starkes anderes Kind (z. B. eine*n Mobbingtäter*in) und für eine unreflektierte Übernahme von Meinungen und Verhaltensweisen anderer steigt.
- Die dauerhafte Unterdrückung von Bedürfnissen und intrinsischer Motivation erhöht die Gefahr, dass ein Ventil gesucht wird, um den empfundenen Druck und die negativen Emotionen zu kanalisieren, z. B. durch das Mobbing anderer Kinder.

Freie Meinungsäußerung und Beteiligung

Kinder haben das Recht, bei allen Fragen, die sie betreffen, mitzubestimmen und zu sagen, was sie denken. Demnach ist es Aufgabe der Erwachsenen, Kinder zu beteiligen und ihr Interesse für Beteiligung zu wecken. Für das Thema „Mobbing" ist dieses Recht so wichtig, weil ...

- in autoritären, von Adultismus geprägten Elternhäusern und Betreuungseinrichtungen genau diese Mitbestimmung und Beteiligung von Kindern unerwünscht ist und damit elementare Bedürfnisse unterdrückt werden. Das Risiko für Druckabbau an anderer Stelle (z. B. Mobbing) steigt.
- besonders im Hinblick auf die große Gruppe der Ermöglicher*innen genau die Lebenskompetenzen gefragt sind, die durch dieses Recht erlernt werden können.

Gewaltfreie Erziehung und Schutz vor Ausbeutung und Gewalt

Kinder haben das Recht auf Schutz vor Gewalt, Missbrauch und Ausbeutung. Bei den Begriffen „Gewalt", „Missbrauch" und „Ausbeutung" denken wir vor allem an körperliche und sexuelle Übergriffe sowie an Kinderarbeit. Doch Gewalt beginnt viel früher. In diese Kategorie fällt beispielsweise auch ...

- passive Gewalt im Sinne von Liebensentzug oder der Verweigerung von Unterstützung,
- verbale Gewalt im Sinne von Abwertung oder Beleidigung (z. B. „Aus dir wird eh nichts"),
- das Androhen von Gewalt,
- das Ausnutzen körperlicher Überlegenheit.

Wachsen Kinder in einem Umfeld auf, das das Recht auf Schutz vor Gewalt missachtet, so wird ihre sozial-emotionale Entwicklung gestört und das Risiko für Verhaltensauffälligkeiten wie beispielsweise Mobbing steigt drastisch.

Schutz der Privatsphäre und Würde

Kinder haben das Recht, dass ihr Privatleben und ihre Würde geachtet werden. In Bezug auf das Phänomen „Mobbing" geht es in der Kita z. B. um das eigene Fach der Kinder, in dem sie ihre Sachen, z. B. Kuscheltiere, Spielsachen und Gebasteltes, aufbewahren können. Dieser private Raum muss für andere Kinder tabu sein und Grenzüberschreitungen müssen sofort thematisiert werden. Ebenso wichtig ist für die Kinder der ungestörte Gang zur Toilette. Auch hier gibt es immer wieder Kinder, die die Intimsphäre anderer Kinder nicht achten. Hier braucht es klare Regeln und Konsequenzen.

Genesung und Wiedereingliederung geschädigter Kinder

Opfer jedweder Form von erniedrigender Behandlung haben ein Recht auf soziale Wiedereingliederung. Die Genesung muss in einer Umgebung stattfinden, die der Gesundheit, der Selbstachtung und der Würde des Kindes förderlich ist. Wie bereits angedeutet, wird häufig nicht genug getan, um das Recht auf Wiedereingliederung zum Wohl eines Mobbingopfers umzusetzen.
Insbesondere beim Mobbing in der Schule erleben wir oft das genaue Gegenteil dessen, was hier als Kinderrecht festgeschrieben ist: Dem Opfer wird ein Schulwechsel nahegelegt, der*die Täter*in verbleibt in der gewohnten Umgebung. Von einer Unterstützung bei der sozialen Wiedereingliederung und dem Genesungsprozess kann oftmals leider nicht die Rede sein.

Auf den Punkt gebracht:

Die beschriebenen und andere Kinderrechte sind seit über 30 Jahren festgeschrieben. Doch nach wie vor werden diese Rechte nicht (ausreichend) beachtet. Kinder werden oft nicht ausreichend in ihrer gesunden sozial-emotionalen Entwicklung unterstützt, vor Gewalt und Diskriminierung geschützt und in ihrer Würde geachtet. Dabei ist die Durchsetzung dieser Rechte elementar für die Mobbing-Prävention. Auch die Rechte auf Entfaltung, auf bedürfnisorientiertes Lernen, auf Freizeit, auf Erholung und auf Partizipation spielen eine große Rolle, um die gesunde sozial-emotionale Entwicklung von Kindern sicherzustellen.

Praxistipp zu den Kinderrechten

Oftmals wissen Kinder gar nicht, dass sie Rechte bzw. welche Rechte sie haben. Um sie vor Missbrauch, Mobbing und anderen Übergriffen zu schützen, sollten sie daher ab dem Kindergartenalter mit ihren Rechten vertraut gemacht werden. Im Folgenden finden Sie dazu einige Anregungen.

- **Erster Schritt:** Mithilfe von Bildkarten (z. B.: Don Bosco Verlag 2022: Wir haben Rechte! Kamishibai Bildkartenset. Entdecken – Erzählen – Begreifen: Kinderrechte) fragen die Erzieher*innen die Kinder, ob sie wissen, welche Rechte sie haben, erklären die wichtigsten Rechte kindgerecht und anhand von Beispielen und beantworten die Fragen der Kinder.
- **Zweiter Schritt:** Ein Buch zu den Kinderrechten hilft, die Inhalte der ersten Projekteinheit zu vertiefen (z. B. Serres, Alain 2013: Ich bin ein Kind und ich habe Rechte. NordSüdVerlag).
- **Dritter Schritt:** Anschließend hören und üben die Erzieher*innen mit den Kindern ein Lied zu den Kinderrechten (z. B. das Lied „Kinder haben Rechte“ von Reinhard Horn, verfügbar auf Youtube).
- **Vierter Schritt:** Die Kinder gestalten selbst Plakate zu den Kinderrechten.
- **Fünfter Schritt:** Die Kinder führen das Lied mithilfe ihrer Plakate den anderen Gruppen/den Eltern/auf dem nächsten Kita-Fest vor.

Das Thema „Adultismus“, mit dem wir uns bereits beschäftigt haben, ist bei diesem Projekt von großer Bedeutung. Denn: Sind sich Kinder ihrer Rechte bewusst und fordern diese auch ein, so kann dies für Eltern – und natürlich auch für Sie als Erzieher*innen mitunter ungemütlich werden. Es empfiehlt sich daher, das Projekt im Vorfeld und auch im Nachgang mit den Eltern zu besprechen, um Ängste zu nehmen, Irritationen zu vermeiden und gemeinsam einen neuen Umgang mit den Kinderrechten zu erarbeiten. Auch eine Fortbildung zu dem Thema „Kinderrechte“ ist sicherlich hilfreich, um eigene Unsicherheiten aufzulösen.

Bedürfnisorientiertes Lernen

Dass Kinder ein Recht auf Ruhe, Freizeit und Spiel haben, wird in der UN-Kinderrechtskonvention explizit genannt, ebenso ihr Recht auf Bildung. Schauen wir jedoch die Lebenswelt unserer Kinder an, so stellen wir häufig fest, dass Kinderrechte nicht ausreichend geachtet werden. Unbekümmertheit, Spaß, Leichtigkeit, Lebendigkeit, Kreativität, Erkunden, Entdecken und Erforschen – all das sind natürliche kindliche

Bedürfnisse, die Kinder im freien Spiel befriedigen. Den Wunsch nach Fremdbestimmung finden wir in der Liste der kindlichen Bedürfnisse nicht, doch genau das ist allzu oft die Lebensrealität vieler Kinder: Struktur (ebenfalls ein Bedürfnis von Kindern) wird schlichtweg mit Verschulung verwechselt.

Schon in der Krippe sehen sich die verantwortlichen Erwachsenen mit einem differenzierten Bildungsauftrag konfrontiert und spätestens ab dem fünften Lebensjahr fordern Teile der Elternschaft sowie viele Grundschulen eine adäquate Vorbereitung auf die Schule im Sinne einer „Schulfähigkeit". Vorschulkinder treffen sich dementsprechend wie kleine Schüler*innen zur „Vorschularbeit", bei der mithilfe von Arbeitsblättern und vorbereiteten Experimenten bestimmte Fähigkeiten geübt und trainiert sowie Basiswissen zu Formen, Buchstaben und Zahlen vermittelt werden. Der pädagogische Leitsatz, dass das Spiel die kindgemäße Form des Lernens ist, wird an dieser Stelle ad absurdum geführt.

Fakt ist: Sollen sich Kinder gesund entwickeln, so müssen sie dies aus sich selbst heraus, also eigenmotiviert und ihren eigenen Bedürfnissen folgend tun.

Die geeignetste Form für dieses bedürfnisorientierte und intrinsisch gesteuerte Lernen ist das Freispiel. Zum einen werden dabei Lerninhalte effektiver verarbeitet und gespeichert, zum anderen entwickeln Kinder vor allem durch die Kommunikation und Interaktion beim gemeinsamen Erforschen und im Rollenspiel die so elementar wichtigen Lebenskompetenzen, wie Problem- und Konfliktlösestrategien, Teamfähigkeit und Kooperation. In der Konsequenz kann das nur bedeuten:

Das Zentrum der pädagogischen Arbeit in Tagespflege, Krippe und Kita sollte das bedürfnisorientierte Lernen, also das Freispiel sein.

Räume geben statt Räume nehmen

Die zentrale Aufgabe von Eltern und Erzieher*innen besteht nicht darin, aufwändige und durchgeplante Angebote bereitzustellen, Ziele zu formulieren, Checklisten abzuhaken, spezifische Fähigkeiten einzuüben. Wichtig ist vielmehr,

- eine vorbereitete Umgebung mit ansprechendem Material zur Verfügung zu stellen,
- die ungestörte und selbsttätige Auseinandersetzung der Kinder mit ihrer Umwelt zu gewährleisten,
- eine entspannte und wertschätzende Atmosphäre zu schaffen und
- als verlässliche, zugewandte Ansprechpartner*innen zur Verfügung zu stehen.

Nachhaltiges Lernen funktioniert nur dann, wenn ein Kind Begeisterung und/oder Sinnhaftigkeit empfindet. Und dies wiederum ist am meisten gegeben, wenn ...

- Lerninhalte den Interessen des Kindes entsprechen, es also intrinsisch motiviert in die Auseinandersetzung mit einem Lerninhalt geht,
- die Beziehung zu den verantwortlichen Erwachsenen von positiven Gefühlen geprägt bzw. für das Kind bedeutungsvoll ist,
- ein Kind selbst etwas tun, ausprobieren und erfahren kann und
- ein Kind mit so vielen Sinnen wie möglich involviert ist.

Kinder sind neugierige, eigenaktive Forscher*innen, die sich aufgrund ihrer intrinsischen Motivation aus sich selbst heraus entwickeln und entfalten wollen. Sie sind keine kleinen Erwachsenen, die man in verschulten Strukturen und ausschließlich aufgrund extrinsisch motivierter Impulse fortbilden kann. Um ihr Potenzial entfalten zu können, brauchen Kinder Zuspruch, Ermutigung, Unterstützung und Anleitung durch die verantwortlichen Erwachsenen – und vor allem das Vertrauen dieser Erwachsenen, dass sie aus sich selbst heraus am besten wachsen werden.

Insofern ist die Schaffung von Zeiträumen zu ungestörtem Freispiel und bedürfnisorientiertem Lernen nicht nur eine notwendige pädagogische Grundhaltung, sondern auch die Umsetzung eines Rechts von Kindern.

Ein Beispiel

Die Mutter der vierjährigen Jamila kommt in meine Praxis und berichtet, dass ihre Tochter Verhaltensauffälligkeiten zeigt. Sowohl zu Hause als auch in der Kita falle sie durch eine geringe Frustrationstoleranz und die Tendenz auf, immer und überall die Beste sein zu wollen. In Phasen ohne konkrete Angebote sei sie nicht in der Lage, eine Beschäftigung zu finden, verliere schnell die Lust an ihrem Tun, sei wenig kreativ, dafür aber sprunghaft und wenig ausdauernd. Die Erzieher*innen würden Jamila als dominantes Kind beschreiben, das generell die Führung übernehme und die Ideen anderer Kinder nicht gelten lasse. Sie sei nicht kompromissbereit und hochgradig frustriert, wenn etwas nicht „nach ihrer Nase" laufe. Mitunter neige sie dazu, andere Kinder zu erpressen oder schlecht dastehen zu lassen, man beobachte aktuell genau, ob Jamila systematisch mobbe.

Im Verlauf der Beratung ergibt sich (hier in Kurzform) folgendes Bild: Jamila besucht zwischen 7.30 und 15.30 Uhr einen Kindergarten, in dem viel Wert auf eine gut vorbereitete Angebotspädagogik und deren Ergebnisse gelegt wird. Die Außenanlage wird nur bei trockener Witterung genutzt, stattdessen werden häufig Gesellschaftsspiele und Bastelarbeiten mit einem zu erreichenden Ziel bzw. einem geplanten Ergebnis vorgegeben.

Montags und mittwochs geht Jamila nach dem Kindergartenbesuch zum Schwimmkurs, dienstags zum Ponyreiten, donnerstags zum Ballett und freitags zum Klavierunterricht. Am Wochenende macht die Familie Ausflüge in den Zoo, in den Freizeitpark oder ins Kindertheater und immer häufiger steht Jamila mit ihrer Ballettgruppe auf der Bühne.

Die Hypothese: In Jamilas Leben gibt es zu viel Fremdbestimmung und einen zu großen Fokus auf Leistung bzw. das Ergebnis eines Prozesses. Das Mädchen ist permanent mit den Erwartungen, Plänen und Anforderungen von Erwachsenen konfrontiert und hat schlichtweg zu wenige Möglichkeiten, sich zu entfalten. Jamilas Leben ist von äußeren Strukturen und Impulsen geprägt und es gibt kaum Räume, um intrinsisch motiviert aktiv zu werden. Da sie nicht ihrem eigenen inneren Kompass und eigenen Ideen und Vorlieben folgen kann, sondern fast ausschließlich dem Weg folgt, den andere Menschen für sie vorgesehen haben, hat sie Schwierigkeiten, ihre Selbstwahrnehmungskompetenzen weiterzuentwickeln, und kann sich nicht ausreichend als selbstwirksam erleben. Fast immer haben ihre Tätigkeiten ein Ziel, es gibt ein messbares Ergebnis, inklusive der damit verbundenen Bewertung. Dies führt zu Stress und es entstehen dauerhaft Gefühle von Erwartungsdruck und Frustration bei Scheitern oder bei Abweichungen vom ursprünglichen Plan. Aufgrund der Überfrachtung mit Impulsen von außen hat Jamila zu wenige Pausen zur Verarbeitung und Erholung. Aus diesem Grund kommt es zu einer grundsätzlichen Überforderung und zu Desorientierung bei „Leerlauf" und Langeweile. Infolgedessen knüpft Jamila ihren Selbstwert an Leistung und „sinnvolle" Tätigkeiten und versucht, ihre Bedürfnisse nach Selbstwirksamkeit und Selbstwerterhöhung durch die Schaffung von Strukturen, die Übernahme von Kontrolle bzw. Macht und den Status „die Beste" zu erfüllen.

Der Ansatz: Jamilas Selbstwahrnehmungskompetenzen müssen gestärkt und andere Möglichkeiten zum Erleben von Selbstwirksamkeit geschaffen werden, beispielsweise durch mehr Freispiel und mehr Partizipationsmöglichkeiten. Oder anders gesagt: Was Jamila dringend braucht, sind Räume zu freiem, ungestörtem Spielen ohne Zielvorgabe sowie die Möglichkeit zur Mitbestimmung.

Auf den Punkt gebracht:

Das freie Explorieren stellt ein zentrales Bedürfnis von Kindern sowie ein Kinderrecht dar. Das Freispiel fördert Lebenskompetenzen, steigert das Gefühl von Selbstwirksamkeit und stärkt somit das Selbstwertgefühl. Daher ist das Freispiel von großer Bedeutung für die Prävention von Mobbing.

Das Potenzial von Langeweile

Wie im oben genannten Beispiel bereits erwähnt, führt die regelmäßige Überfrachtung mit äußeren Impulsen zu Desorientierung, sobald die Fremdsteuerung ausbleibt. Wenn ein Kind daran gewöhnt ist, fremdgesteuert einem bestimmten Zeitplan zu folgen, so ist Langeweile ein Zustand, den es zu vermeiden versucht. Häufig erleben wir diese Kinder zunächst einmal als sehr angepasst und leistungsstark. Und genau da liegt das Problem, denn solche Kinder haben in der Regel eine eingeschränkte Selbstwahrnehmung und Schwierigkeiten, ihre Emotionen selbstständig zu regulieren. Infolgedessen werden Emotionen unterdrückt und brauchen irgendwann ein Ventil.
Ein emotional gesehen gesundes Kind nutzt Langeweile vor allem für eines, nämlich für intrinsisch motiviertes Tun. Häufig setzen sich Kinder in Phasen der Langweile mit unverarbeiteten Dingen auseinander und leben durch gestalterisches Handeln oder „So-tun-als-ob"-Spielen eigene Ideen aus oder wagen „Neues". Infolgedessen lernen Kinder, sich selbst zu organisieren, auf innere Zustände zu reagieren und sich aus sich selbst heraus zu entfalten. Dies stärkt die Selbstwahrnehmung, steigert das Gefühl von Selbstwirksamkeit und fördert somit ein positives Selbstkonzept.

Ist die Fähigkeit, Langeweile zu nutzen, allerdings verkümmert, so entstehen Stress und Unsicherheit, häufig gekoppelt an das Gefühl von Kontrollverlust. Denn normalerweise gibt es ja immer einen vorgezeichneten Weg, der nächste Schritt ist vorhersehbar und Bewegungsfreiheit gibt es nur innerhalb eines bestimmten vorgegebenen Korridors. Fallen nun alle äußeren Haltepunkte weg, so entsteht ein Gefühl der Überforderung und das Gehirn sucht nach Möglichkeiten, wieder zu einer beruhigenden Ordnung zurückzukehren. Die Kontrolle über eine Situation an sich zu reißen, ist eine der Möglichkeiten, um negative Gefühle, wie beispielsweise Unsicherheit, nicht mehr spüren zu müssen und sich stattdessen als stark und wirksam zu erleben. Und so steigt auch das Risiko für Mobbing bei zu viel Fremdsteuerung und zu wenigen Möglichkeiten zum Freispiel deutlich an.

Exkurs: Positives Leiten

Das freie Spielen ist für Kinder also elementar. Doch wie begleiten Sie als Erzieher*in ein Kind in solchen Phasen? Und wie sieht es mit gemeinsamen, geplanten Aktionen aus, die im Kita-Alltag ebenfalls ihre Berechtigung haben? Das Marte-Meo-Konzept von Maria Aarts gibt hierfür wertvolle Impulse.

Die Idee des positiven Leitens nach Marte Meo sieht folgendermaßen aus: Das Kind muss sich keinem Rahmen anpassen, sondern die Erwachsenen tragen die Verantwortung dafür, eine Situation adäquat auszugestalten. Nur dann, wenn das Angebot auch zum Kind passt, kann sich dieses als selbstwirksam erleben und ein positives Selbstbild

aufbauen, was im Zentrum einer gesunden sozial-emotionalen Entwicklung steht. Situations-, Beziehungs- und Bedürfnisorientierung sind dabei als Grundhaltungen unabdingbar. Beim positiven Leiten geht es also um die Verantwortung der Erwachsenen, eine Verbindung zum Kind und eine positive Atmosphäre herzustellen.

Dies geschieht vor allem durch eine freundliche Zuwendung, ungeteilte Aufmerksamkeit, durch Worte, Tonfall, Gestik und Mimik. Die Fachkraft achtet (ähnlich wie beim Konzept der Feinfühligkeit im Säuglingsalter) auf die Signale des Kindes bezüglich Aufmerksamkeit, Konzentration und Interesse sowie auf das Tempo des Kindes.

Positives Leiten in gemeinsamen Spielsituationen

Die Fachkraft benennt sowohl ihre eigenen Handlungen (und wird dadurch vorhersehbarer) als auch die Initiativen des Kindes. Wichtig: Sie folgt der Initiative des Kindes und gibt keine (!) Handlungsimpulse! Ziel des positiven Leitens ist es, dem Kind Orientierung zu geben und es positiv in seinen Ideen und in seinem Tun zu verstärken. Dadurch fühlt sich das Kind in seiner Einzigartigkeit gesehen und wertgeschätzt, kann in dieser Atmosphäre seine Selbstwahrnehmung stärken und lernen, Gefühle zu regulieren.

Positives Leiten bei Handlungsabläufen

Die Fachkraft informiert das Kind Schritt für Schritt über die einzelnen Handlungen bzw. die Abfolge/den Ablauf einer Situation. Das Kind wird also nicht im Nachhinein korrigiert, sondern im Vorhinein angeleitet und positiv verstärkt. Das Kind erlebt sich so als selbstwirksam, wertgeschätzt und anerkannt. Das Ziel des positiven Leitens bei Handlungsabläufen besteht darin, dem Kind Partizipationsmöglichkeiten einzuräumen und es in seinem Tun positiv zu verstärken.

Partizipation

> Partizipation meint die Beteiligung, Teilhabe und Mitbestimmung von Kindern bei alltäglichen Prozessen, die sie selbst und das Zusammenleben in der Familie oder der Gruppe betreffen. Insofern ist Partizipation das Gegenteil von Fremdbestimmung und Adultismus.

In § 45 des SGB VIII ist festgeschrieben, dass eine Einrichtung zur Sicherung der Rechte von Kindern dazu verpflichtet ist, „geeignete Verfahren der Selbstvertretung und Beteiligung" sowie die „Möglichkeit der Beschwerde in persönlichen Angelegenheiten" zu schaffen. Und in den letzten Jahren hielt das Thema zunehmend konzeptionell

Einzug in die Kita-Landschaft. Manch ein Elternteil (und auch manche Fachkraft) verdrehte die Augen angesichts einer vermeintlich weiteren pädagogischen Modeerscheinung. Doch an dieser Stelle noch einmal zur Erinnerung: Die UN-Kinderrechtskonvention, in der das Recht auf Teilhabe verbrieft ist, stammt aus dem Jahre 1989. Wir hängen also mehr als 30 Jahre in der Umsetzung hinterher! Partizipation ist weder eine neue Idee noch irgendein Schnickschnack, sondern ein zentrales Kinderrecht!

Warum Partizipation so wichtig ist

Partizipation ist ein grundlegendes kindliches Bedürfnis, das die Selbstwirksamkeitserwartung stärkt – und somit einen zentralen Entwicklungsmotor darstellt. Werden Kinder in Entscheidungsprozesse einbezogen und bekommen Spielräume zur aktiven Beteiligung am Geschehen innerhalb der Familie oder Gruppe, so befriedigt dies ihr Grundbedürfnis nach Verbundenheit und Zugehörigkeit, stärkt ihre Selbstwirksamkeitserwartung und somit auch ihr Selbstwertgefühl. Partizipation schlägt also die Brücke zwischen den beiden Bedürfnissen, die für eine gesunde sozial-emotionale Entwicklung ausbalanciert sein müssen: Verbundenheit und Selbstbestimmung.

Aus diesem Grund eignet sich Partizipation sehr gut, um ungünstige Strategien zur Befriedigung von Bedürfnissen aufzubrechen, z. B. Selbstwirksamkeit und Machtausübung zu verknüpfen. Darüber hinaus fördert Partizipation eine demokratische Grundhaltung sowie die Lebenskompetenzen, allen voran das kreative und kritische Denken sowie die Problem-, Konflikt- und Entscheidungsfähigkeit.

Der Haken: Partizipation ist anstrengend und unbequem – vor allem für diejenigen Erwachsenen, die erst lernen müssen, einen Teil ihrer Macht abzugeben (siehe Abb. 6 auf S. 79). Eltern und Erzieher*innen können Situationen weniger kontrollieren, müssen bestimmte Erwartungshaltungen und Ziele aufgeben und vor allem müssen sie darauf vertrauen, dass die Kinder den so entstandenen Spielraum sinnvoll zu nutzen wissen. Adultismus adé ...

Je jünger die Kinder sind, umso schwieriger ist es für sie natürlich, komplexe Situationen zu überblicken, zu verstehen und sinnvolle Entscheidungen zu treffen. Sie brauchen einen Rahmen und müssen davor geschützt werden, die eigene Gesundheit oder Entwicklung zu gefährden. Aufgabe der Erwachsenen ist es deshalb, geeignete Lernfelder für Partizipation anzubieten. Partizipation bedeutet nicht, sämtliche Regeln aufzuheben. Aber Lernfelder gibt es immer und überall – auch schon bei Kleinkindern.

Als Erzieher*in sind Sie gefragt, mit selbstkritischem Blick immer wieder neu zu überprüfen, ob und in welcher Weise Spielraum zur Partizipation gegeben werden kann.

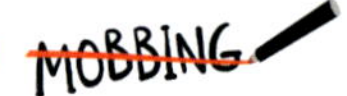

In Seminaren werde ich immer wieder mit der Befürchtung von Erzieher*innen konfrontiert, dass Kinder einem „den Arm abreißen, wenn man ihnen den kleinen Finger reicht". Die Idee dahinter: Wenn ich dem einen Kind oder der einen Gruppe von Kindern etwas erlaube (z. B. außer der Reihe in der Turnhalle zu spielen), dann wollen das ja alle. Und dann?

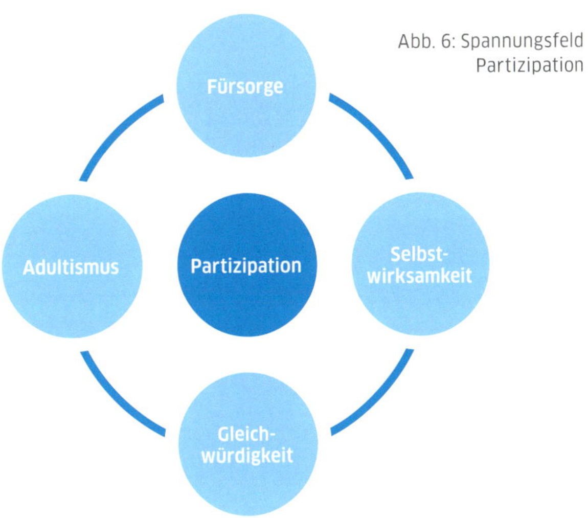

Abb. 6: Spannungsfeld Partizipation

Aber: Kinder haben nicht immer und zu jeder Zeit die gleichen Bedürfnisse! Wenn Mimi, Max und Malte in der Turnhalle laut sein wollen, möchten Tim, Tom und Theo das nicht unbedingt auch. Sie möchten vielleicht viel lieber mit Knete spielen. Aber: Wollen tatsächlich alle Kinder in die Turnhalle, sobald Sie es einer Kleingruppe erlaubt haben, so ist das ein Zeichen dafür, dass die Kinder definitiv mehr Bewegung brauchen – und die Möglichkeit dazu sollten sie dann auch bekommen!

Je mehr sich Kinder darauf verlassen können, dass die verantwortlichen Erwachsenen ihre Bedürfnisse ernst nehmen, sie beteiligen und mitbestimmen lassen, wann immer es geht, umso kooperativer werden sie sich verhalten, wenn die Erwachsenen (begründet!) eigene Bedürfnisse in den Vordergrund stellen oder beispielsweise aufgrund ihrer Fürsorgepflicht gegen die Möglichkeit zur Partizipation entscheiden!

Auf den Punkt gebracht:

Für die verantwortlichen Erwachsenen ist Partizipation oft ein anstrengender Balanceakt, für die Kinder eine der zentralen Möglichkeiten, sich als selbstwirksam zu erleben und ihr Selbstwertgefühl zu stärken. Partizipation stärkt die Lebenskompetenzen, wie Konflikt-, Problemlöse- und Entscheidungskompetenz, das kreative und kritische Denken sowie eine demokratische Grundhaltung. Anders gesagt: Durch Partizipation lernen Kinder, Verantwortung zu übernehmen für sich selbst und für andere. Die Relevanz von Partizipation für die Mobbing-Prävention kann also eindeutiger nicht sein.

Praxistipps Partizipation

Partizipation kann in der Kita in vielfältiger Weise umgesetzt werden. Im Folgenden seien ein paar Instrumentarien vorgestellt:

Kinderkonferenz

Die Kinderkonferenz ist ein Gremium, das zum Ziel hat, Kinder in Entscheidungsprozesse (die Gruppe betreffend) einzubeziehen. Die Idee: Wer an Entscheidungen beteiligt war bzw. wer verstanden hat, wie es zu einer Entscheidung kam, kann diese Entscheidungen auch besser akzeptieren.

Damit die Kinderkonferenz gut funktioniert, braucht es gewisse Rahmenbedingungen:

- Die Konferenz sollte regelmäßig einberufen werden (z. B. einmal in der Woche oder ein bis 2-mal im Monat).
- Gemeinsam mit den Kindern werden Regeln festgelegt (Gesprächsführung, Wertschätzung etc.).
- Grundsätzlich schließt die Konferenz alle Kinder der Gruppe ein, die Teilnahme ist aber freiwillig.
- Der zeitliche Rahmen sollte 20 bis 30 Minuten nicht überschreiten (ein Timer kann helfen, die Zeit zu visualisieren).
- Ein Plakat an einem immer gleichen Ort und ein akustisches Signal (Gong, Glocke o. Ä.) signalisieren den Beginn der Konferenz (Wiedererkennungswert).
- Die Themen für die Konferenz werden gesammelt und durch Symbole auf dem Plakat visualisiert.
- Die Erzieher*innen moderieren und leiten die Kinderkonferenz und nehmen dabei eine neutrale Position ein.
- Wiederkehrende Symbole zur Abstimmung oder zur Visualisierung eines Meinungsbildes werden von den Erzieher*innen bereitgestellt.
- Das Kind, das gerade spricht, erhält zur Visualisierung einen Sprechstein (o. Ä.).
- Die Ergebnisse der Konferenz werden von den Erzieher*innen protokolliert und in der nächsten Kinderkonferenz als erster Punkt erneut aufgegriffen. Gemeinsam mit den Kindern wird besprochen, ob bzw. inwieweit die Ergebnisse der letzten Konferenz umgesetzt werden konnten oder ob es erneut Gesprächsbedarf zu den letzten besprochenen Themen gibt.
- In der Kinderkonferenz können zwei Kinder bestimmt werden, die ins Kinderparlament (s. u.) entsendet werden.

Mögliche Themen können sein:

- Gruppenregeln
- Gestaltung des Raums
- Anschaffung von Spielmaterial

- Tagesablauf und Gruppenalltag
- Ausflüge und Feste
- Situationen mit Konfliktpotenzial (Mahlzeiten, Spielsituationen etc.)

Kinderparlament

Im Gegensatz zur Kinderkonferenz treffen sich im Kinderparlament Kinder aus allen Gruppen der Einrichtung. Immer zwei Vertreter*innen einer Gruppe kommen zu den oben genannten Themen und unter den gleichen Rahmenbedingungen und Regeln zusammen, die sie schon aus den Kinderkonferenzen kennen. Auch das Kinderparlament wird von einem*einer neutralen Erzieher*in geleitet. Die Ergebnisse des Kinderparlaments sind gruppenübergreifend zu berücksichtigen.

Feedbackrunde

Die Feedbackrunde können Sie als Erzieher*in jederzeit in den Stuhlkreis einbauen. Für die Kinder ist dies eine der einfachsten und wirkungsvollsten Möglichkeiten, zu verstehen, dass ihre Stimme zählt und dass es für die Gruppe wichtig ist, ihre Meinung zu hören.
Die Erzieher*innen legen hierfür drei Plakate (lachender Smiley, unzufriedener Smiley, neutraler Smiley) in die Mitte des Stuhlkreises und teilen Muggelsteine o. Ä. an die Kinder aus. Nun wird das Thema besprochen, für das Sie als Erzieher*in eine Meinung einholen wollen. Wie hat euch der Ausflug gefallen? Seid ihr zufrieden damit, wie wir die Beschlüsse der letzten Kinderkonferenz umgesetzt haben? Auch bietet es sich an, nach jedem Essen eine Abfrage zu machen. Ritualisiert nach dem Händewaschen, legt jedes Kind einen Stein in eine von drei Schalen (lecker – geht so – nicht lecker). Schneidet ein Essen nicht gut ab, so kann es aus dem Plan entfernt werden.

Beschwerdemanagement

Kinder müssen über die konzeptionell verankerte Teilhabe und Mitbestimmung hinaus die Möglichkeit haben, Beschwerden äußern zu können. Oft werden sie jedoch mit ihrer Beschwerde nicht richtig wahr- und ernst genommen. Dies liegt vor allem daran, dass Kinder ihre Beschwerden häufig situationsbezogen, unstrukturiert und indirekt vorbringen.

Ein paar Beispiele:

- Die vierjährige Aislinn steht mitten im Gruppenraum und schreit.
- Der dreijährige Oscar zupft Erzieher Meik energisch am Pullover.
- Die zweijährige Olga wirft sich auf den Boden und weint.
- Die fünfjährige Ann-Sophie schreit ihre Freundin an: „Hör auf damit!"
- Der sechsjährige Achmad läuft zu Erzieherin Simone und sagt: „Der Sebastian ist voll doof, der hat meinen Turm kaputt gemacht."

Zur Erinnerung: Hinter jeder Verhaltens- oder Gefühlsäußerung seht ein unbefriedigtes Bedürfnis. Versuchen Kinder, dieser Unzufriedenheit Ausdruck zu verleihen, so ist es von großer Bedeutung, dass sie damit auch gehört werden und dass ihnen geholfen wird. Eine beziehungs- und bedürfnisorientierte innere Haltung den Kindern gegenüber ist hier also das A und O. Denken wir an die große Gruppe der Ermöglicher*innen oder auch an die geschwächte Position des ausgewählten Opfers, so leuchtet ein, dass genau diese Verknüpfung elementar dafür ist, Mobbing im Keim zu ersticken.
Um Kinder dazu zu ermutigen, ihre Beschwerden zu äußern und ihnen dabei zu helfen, diese Beschwerden immer direkter und konstruktiver äußern zu können, bieten sich verschiedene unterstützende Verfahren an, die gemeinsam mit den Kindern entwickelt und eingeführt werden sollten.

Beschwerdekasten: Ein Briefkasten oder Karton wird in der Gruppe installiert, der für alle Kinder und zu jeder Zeit gut erreichbar ist. Auf bereitgestellte kleine Zettel können die Kinder ein Bild zu ihrer Beschwerde malen oder eine Symbolkarte nutzen, die das Thema der Beschwerde zeigt. Im Idealfall wird der Briefkasten jeden Tag zu einer vereinbarten Zeit ritualisiert geleert und die Inhalte werden besprochen.
Das Kind, das den Zettel eingeworfen hat, darf entscheiden, ob es das Thema in der Gruppe oder nur mit einem*einer Erzieher*in besprechen möchte. Manchmal müssen auch Sie als Erzieher*in entscheiden, ob das Thema vertraulich behandelt werden muss und nicht in die Gruppe gehört! Gemeinsam mit dem Kind wird dann eine Lösung gesucht. Von Zeit zu Zeit sollten Sie als Erzieher*innen die Kinder dazu ermutigen, den Beschwerdekasten zu nutzen, z. B., indem sie die Kinder persönlich ansprechen und an die Möglichkeit erinnern, einen Zettel einzuwerfen.

Beschwerdepinnwand: Auch eine öffentlich einsehbare Pinnwand eignet sich gut, um Kinder zur Äußerung ihrer Anliegen zu ermutigen. Manchmal bilden sich Kleingruppen, die ein ähnliches Anliegen haben, z. B. eine Gruppe von Kindern, die mehr Zeit auf dem Außengelände verbringen möchte oder die das neue Projektthema uninteressant findet. Oder das Anliegen eines Kindes ist zu komplex, um es auf ein Bild zu malen. In diesem Fall kann es dann als „Beschwerde-Signal“ einfach Smileys mit heruntergezogenen Mundwinkeln an die Beschwerdepinnwand heften. Hängt ein solcher Smiley (oder gleich mehrere) an der Wand, können Sie als Erzieher*in dies als Gesprächsanlass nutzen, um herauszufinden, welche Veränderungen die Kinder sich wünschen.

Beschwerdegong: Der Beschwerdegong oder die Beschwerdetrommel bekommt wie der Beschwerdekasten und die Pinnwand einen festen Platz im Gruppenraum. Sind die Kinder wütend oder überfordert, beispielsweise von der Lautstärke in der Gruppe, so können sie den Gong schlagen, um auf sich aufmerksam zu machen. Auf diese Weise steht ihnen ein sozial verträgliches Ventil zur Äußerung ihrer Beschwerde zur Verfügung und Sie als Erzieher*in haben die Möglichkeit, akute Situationen zu entschärfen.

Werden Kinder sowohl in ihren alltäglichen Beschwerdeäußerungen ernst genommen und durch das oben genannte Beschwerdemanagement zum Vortragen ihrer Anliegen ermutigt, so erwerben sie vielfältige Lebenskompetenzen, lernen, für sich und andere einzutreten und ihre Umwelt aktiv mitzugestalten. Dies stärkt in hohem Maße ihre Selbstwirksamkeitserwartung und ihren Selbstwert. Für die Prävention von Mobbing ist ein solches Beschwerdemanagement daher unverzichtbar!

Gruppenregeln

Gruppenregeln können immer wieder neu miteinander besprochen und festgelegt werden.

Erzählkreis

Im Erzählkreis können Kinder dazu ermutigt werden, Beschwerden zu äußern, Vorschläge für den Tag zu machen oder ein Meinungsbild einzuholen.

Mahlzeiten

Die Kinder können Wünsche äußern, die im Speiseplan der nächsten Wochen berücksichtigt werden. Dazu können Auswahlfragen hilfreich sein (z. B.: Wollt ihr lieber noch mal Nudelauflauf oder Reis mit Gemüse?). Auch ist es wichtig, dass Vegetarier*innen eine vollwertige Mahlzeit und nicht nur Reis oder Nudeln bekommen, weil es nur eine fleischhaltige Soße gibt. Am Ende können die Kinder mit Steinchen (beispielsweise ritualisiert nach dem Händewaschen) eine Bewertung für das Essen abgeben, die dann wiederum für die folgenden Speisepläne berücksichtigt wird.
Wichtig: Kinder müssen weder von allen Speisen probieren noch müssen sie den Teller leer essen! Vorgehensweisen dieser Art schwächen in gravierendem Maße die Selbstwahrnehmungskompetenz und die Selbstwirksamkeitserwartung von Kindern!

Spielzeit

Eine Gruppe von Kindern möchte beispielsweise aufs Außengelände gehen, eine andere im Gruppenraum spielen. Lässt die Personalsituation eine Aufteilung zu, sollte diesen Wünschen entsprochen werden. Ist dies aufgrund mangelnder personeller Ressourcen nicht möglich, sollte das transparent gemacht werden. Für die Kinder macht es einen großen Unterschied, ob ein Wunsch deshalb nicht erfüllt wird, weil es für sie nachvollziehbar nicht umsetzbar ist, oder ob es keine für sie einleuchtende Erklärung gibt.

Geplante Aktivitäten / Angebote

Besonders bei von den Erzieher*innen initiierten Angeboten, wie beispielsweise dem Basteln von Laternen oder von jahreszeitlicher Dekoration für den Gruppenraum, sollte das Augenmerk auf Partizipationsmöglichkeiten gelegt werden.

Zur Erinnerung: Nur intrinsisch motiviertes Lernen ist nachhaltiges Lernen. Die Kinder sollten daher sowohl in die Planung als auch die Durchführung bzw. die konkrete Ausgestaltung dieser Situationen einbezogen werden!

Wickeln / Toilettengang / Umziehen

An dieser Stelle ist es im Sinne des Kindeswohls von großer Bedeutung, dass Kinder ein Mitspracherecht in Bezug darauf bekommen, wer sie wickelt oder zur Toilette begleitet.

Ruhe und Rückzug

Der Kita-Alltag ist für die Kinder laut, bunt, spannend, intensiv und fordernd. Oder anders gesagt: So ein Kita-Tag ist anstrengend! Umso wichtiger ist es für die Kinder, dass sie die Wahl haben. Wollen Sie gerade mittendrin sein oder brauchen sie eine Pause? Sie als Erzieher*in müssen an dieser Stelle sicherstellen, dass die Kinder genügend Rückzugsmöglichkeiten und Zeiten zur Erholung haben – und zwar dann, wenn sie sie brauchen, und nicht dann, wenn der Tagesablauf sie vorsieht!

Kleidung

Immer wieder erlebe ich große Unsicherheiten bei Erzieher*innen, was den Umgang mit wetterentsprechender Kleidung der Kinder angeht. Dies ist sehr verständlich, wird doch hier das Spannungsfeld zwischen Partizipation und Fürsorgepflicht besonders deutlich, auch und im Besonderen im Zusammenhang mit der Erwartungshaltung der Eltern.
Hilfreich kann es an dieser Stelle sein, das Problem in einem Sitzkreis transparent zu machen. Sie als Erzieher*in erklären den Kindern, dass sie ihnen gerne Mitspracherecht einräumen möchten, dass es dafür aber einen Rahmen gibt. Z. B. könnte es eine eindeutige Regel geben: Zeigt das Thermometer eine Temperatur unter 16 Grad, müssen Jacken angezogen werden, damit sich niemand erkältet. Sie erläutern den Kindern, dass Sie an dieser Stelle die Verantwortung tragen und Ihnen diese Entscheidung wichtig ist. Eine andere Möglichkeit besteht darin, Kinder auch bei kühleren Temperaturen zunächst einmal ohne Jacke rausgehen zu lassen, um dann nach einigen Minuten auf kalte Hände und eine laufende Nase hinzuweisen. Das Kind bekommt so die Möglichkeit, zu spüren, weshalb Sie eine Jacke für sinnvoll halten, und kann Ihrer Bitte besser nachkommen.

Die folgenden Fragen können Ihnen dabei helfen, Ihr eigenes Verhältnis zu Kinderrechten, bedürfnisorientiertem Lernen und Partizipation zu reflektieren.

Selbstreflexion

Kinderrechte, bedürfnisorientiertes Lernen und Partizipation 1/2

Fragen an mich selbst	ja	nein
Ist Adultismus in unserer Kita ein Problem? Habe ich selbst Schwierigkeiten damit, alte Machtverhältnisse neu zu überdenken?		
Haben wir ein Konzept zur Umsetzung der Kinderrechte in unserer Kita etabliert? Arbeiten wir nach diesem Konzept?		
Können Kinder unserer Einrichtung ihre Rechte einfordern? Gibt es Strukturen, Kinder in ihren Rechten zu unterstützen und sie zu ermutigen, ihre Rechte wahrzunehmen?		
Gibt es Strukturen, die es den Kindern ermöglichen, sich zu beschweren oder Verbesserungsvorschläge zu machen?		
Bin ich der Meinung, dass man Kinder als Expert*innen für ihr eigenes Leben ernst nehmen kann?		
Bin ich interessiert an dem, was die Kinder möchten und beizutragen haben?		
Begegne ich Kindern offen und neugierig-fragend?		
Höre ich aufmerksam zu?		
Lasse ich Kinder ausreden und unterbreche sie nicht?		
Suche ich Blickkontakt und ermutige ich zum offenen Sprechen?		
Unterstütze ich Kinder dabei, auszudrücken, was sie meinen und wollen?		
Habe ich Geduld und gebe den Kindern genug Raum?		
Kann ich mich in die kindliche Perspektive hineinversetzen?		
Kann ich Beiträgen der Kinder wertschätzend-neutral begegnen oder bewerte ich schnell?		
Stelle ich meine Unterstützung zur Verfügung, ohne meine Überlegenheit zu demonstrieren?		
Erkläre ich verständlich und wertschätzend, warum manche Wünsche und Ideen nicht umsetzbar sind?		
Suche ich nach Alternativen, um das Bedürfnis hinter einer nicht umsetzbaren Idee zu erfüllen?		
Sind die Kinder an der Festlegung von Regeln und Ritualen beteiligt?		
Sind Kinder an Entscheidungen beteiligt, die die Gestaltung des Kita-Alltags betreffen? (Ausflüge, Gestaltung des Gruppenraums usw.)		
Erläutere bzw. begründe ich den Kindern, warum ich in bestimmten Situationen keinen Spielraum zur Partizipation einräumen kann?		
Fühle ich mich selbst im Spannungsfeld zwischen Partizipation und Fürsorgepflicht sicher?		

Selbstreflexion

Kinderrechte, bedürfnisorientiertes Lernen und Partizipation 2/2

Fragen an mich selbst	ja	nein
Fühle ich mich in meiner Einrichtung unterstützt, was die Umsetzung von Partizipation anbelangt?		
Können Kinder wählen, ob sie drinnen oder draußen (bzw. wo sie) spielen wollen?		
Können die Kinder in meiner Gruppe frei wählen, womit sie sich beschäftigen wollen?		
Sind Spiel- und Gebrauchsmaterialien für die Kinder meiner Gruppe so zugänglich, dass sie diese selbstständig nutzen können?		
Gibt es vorbereitete Räume, die zum freien Explorieren und Spielen anregen?		
Können Kinder bestimmte Bereiche und Räume auch ohne Begleitung von Erwachsenen nutzen?		
Können sich Kinder innerhalb der Einrichtung frei bewegen und beispielsweise auch andere Kinder in anderen Gruppen besuchen?		
Können sich Kinder ihre Bezugserzieher*in selbst aussuchen?		
Dürfen Kinder essen, wenn sie hungrig sind?		
Lassen wir in unserer Einrichtung Kinder mitbestimmen, was sie essen möchten?		
Müssen Kinder in unserer Einrichtung jede Speise probieren?		
Dürfen Kinder ihr Essen beenden, sobald sie satt sind?		
Lassen wir Kinder mitbestimmen, was sie anziehen wollen?		
Werden Kinder an der Planung von Ausflügen, Festen und Projekten beteiligt?		
Holen wir regelmäßig Meinungen und Feedback von den Kindern ein?		
Gibt es Kinderkonferenzen?		
Gibt es in unserer Einrichtung ein Kinderparlament?		
Haben wir ein selbstverständlich genutztes Beschwerdemanagement (z. B. einen Beschwerdekasten)?		
Lege ich Wert darauf, dass diese Instrumente zur Partizipation auch genutzt werden?		
Tauschen wir uns im Team regelmäßig aus, um Möglichkeiten der Partizipation zu finden bzw. zu überprüfen?		
Sind wir zu diesem Thema im Austausch mit den Eltern?		

Diversität anerkennen

Wie bereits mehrfach ausgeführt, kann grundsätzlich jedes Kind Opfer von Mobbing werden. Doch häufig suchen Mobbingtäter*innen und auch Ermöglicher*innen Rechtfertigungen dafür, warum das Opfer angeblich selbst schuld ist und die unsoziale Behandlung verdient hat. Auf diese Weise werden immer wieder Merkmale vermeintlicher Andersartigkeit bestimmt, die eine Erklärung für Mobbing liefern sollen: die hässlichen Klamotten, die alberne Frisur, die seltsame Art, zu sprechen, die andere Herkunft, die wenige Coolness ...

Doch was, wenn Vielfaltssensibilität und Individualität für Kinder grundsätzlich Teil ihrer Lebensrealität wäre? Wenn Kinder durch unser Vorbild und unsere Wertevermittlung verstehen würden, wie wertvoll und bereichernd es ist, voneinander und miteinander zu lernen? Wenn wir Neugierde und Wertschätzung für andere Sprachen, Kulturen und Lebensentwürfe wecken würden statt diffusem Befremden? „Tun wir doch schon!“, denken Sie jetzt vielleicht empört und wenn es so ist, dann freue ich mich. Doch meiner Erfahrung nach gibt es auch auf diesem Gebiet noch viel Luft nach oben!

Diversität in der Kita

Diversität in der Kita umfasst mehrere Einzelaspekte. Es empfiehlt sich daher eine konkrete Auseinandersetzung mit den folgenden Punkten:

Rassismus beispielsweise beginnt für viele erst dann, wenn ein Mensch aufgrund seiner Hautfarbe oder Herkunft ausgeschlossen oder beleidigt wird. Doch stellen wir uns einmal ein Kind vor, das als einziges Mitglied der Gruppe eine dunkle Hautfarbe hat und permanent mit einer „weißen Normalität“ konfrontiert wird. Wie viele Kinder mit seiner Hautfarbe wird es in Bilderbüchern, den Darstellungen auf Puzzeln, Spielen oder der Dekoration des Kindergartens wiederfinden? Achten wir als Fachkräfte darauf, dass in unseren Krippen, in der Tagespflege und in den Kindergärten Diversität abgebildet und gelebt wird? Dass Vielfalt die Normalität ist? Was wir uns an dieser Stelle fragen müssen: Was macht es mit einem Kind, wenn Identifikationsfiguren und Rollenvorbilder schlichtweg fehlen? Wenn die offensichtliche Andersartigkeit mit einem Gefühl von Einsamkeit und Ausgeschlossensein einhergeht? Beginnt Rassismus nicht schon dann?

Und wie sieht es mit dem Thema **„Inklusion“** aus? Machen wir den Erfolg von Inklusion von einzelnen gelungenen Projekten abhängig? Oder werden grundsätzlich alle Kinder der Gruppe gleichberechtigt miteinbezogen und Rahmenbedingungen geschaffen, in denen sich alle Kinder wohl, gesehen und wertgeschätzt fühlen?

Auch beim Thema **„Familie“** ist es notwendig, die eigene Haltung selbstkritisch zu hinterfragen. Vermitteln wir als verantwortliche Erwachsene die Selbstverständlichkeit verschiedener Lebensentwürfe und Familienkonstellationen oder ist in unserem Wertesystem doch nur die klassische Familie, bestehend aus Vater, Mutter und Kind(ern), eine „richtige“ Familie? Ist für uns auch ein Vater-Vater-Kind-Spiel denkbar oder haben wir da Vorbehalte und spüren Befremden?

Wie gehen wir mit dem Thema **„Religion“** um? Vermitteln wir ausschließlich eine westlich geprägte Perspektive hinsichtlich eines christlichen Glaubens oder aber einen weltoffenen Glauben, in dem sich alle Kinder zu Hause fühlen können?

Und dann wäre da noch das Thema **„Geschlechtererziehung“**. Haben wir unbewusst unterschiedliche Bewertungsmaßstäbe bei Mädchen und Jungen? Finden wir lackierte Fingernägel, rosa Glitzerklamotten und Tränen nur bei Mädchen „normal“? Geben wir einen flapsigen Kommentar ab, wenn sich ein Junge als Prinzessin verkleidet und ein Mädchen am liebsten Bauarbeiter*in spielt? Ist das für uns einfach ganz normal oder finden wir es doch eine Bemerkung wert, dass dieser Junge auch „Mädchensachen“ mag oder dieses Mädchen einen „Männerberuf“ toll findet? Sind Blau und Grün für uns „Jungsfarben“, Pink und Rosa „Mädchenfarben“?

Je differenzierter und reflektierter wir mit diesen Themen umgehen, umso höher ist die Wahrscheinlichkeit, dass wir Kinder zu offenen, toleranten und neugierig-wertschätzenden Menschen erziehen, denen ein System von „stark gegen schwach“, „gesund und defizitär“ oder eine Einteilung in „normal“ und „nicht normal“ fremd ist. Gelingt uns das, so wird für diese Kinder die Einzigartigkeit jedes einzelnen Menschen und die damit verbundene Würde eine Selbstverständlichkeit sein. Und dementsprechend werden Unterschiede in Religion, Kultur, Sprache, Aussehen usw. nicht als Rechtfertigung für unsoziales Verhalten, wie beispielsweise Mobbing, genutzt werden.

Auf den Punkt gebracht:

Häufig ziehen Mobbing-Täter*innen die vermeintliche Andersartigkeit anderer Kinder als Erklärung heran, weshalb ihr unsoziales Verhalten gerechtfertigt gewesen sei. Umso wichtiger ist eine Erziehung, die Diversität als Selbstverständlichkeit und Bereicherung vermittelt, um genau diesem Mechanismus den Nährboden zu entziehen.

Praxistipp: Die Vielfalt-Werkstatt

Die Vielfalt-Werkstatt ist ein Projekt, das über mehrere Tage oder Wochen gestaltet und auch im Sinne einzelner Bausteine genutzt werden kann. Ziel der Werkstatt ist es, Vielfaltssensibilität gemeinsam mit den Kindern mit Inhalt zu füllen und Neugier, Toleranz und Wertschätzung für Unterschiede und Gemeinsamkeiten zu leben.

Thema Hautfarbe

Ausgehend von einem Bilderbuch, in dem Vielfalt abgebildet wird (z. B.: „Ich bin anders als du – ich bin wie du“ von Constanze Kitzing, Carlsen Verlag) werden die Kinder gebeten, ein Bild mit vielen verschiedenen Kindern zu malen. (Von Constanze Kitzing gibt es zu ihrem Buch auch ein Malbuch, das als Vorlage genutzt werden kann: „Wir sind wir! Ein Malbuch für dich und mich.“) Die Erzieher*innen bieten den Kindern dazu Hautfarbenstifte an, die viele verschiedene Hauttöne abbilden (Hautfarben-Buntstift-Pakete gibt es inzwischen von mehreren Herstellern). Danach wird über die abgebildete Vielfalt gesprochen. Wird von den Kindern wenig Vielfalt abgebildet, sondern nur hellbeige als Hautfarbe genutzt, sollte das Thema erneut aufgegriffen werden.

Thema Familie

Die Kinder gestalten ein kleines Plakat zu ihrer Familie. Wer gehört alles dazu? Welche Sprache wird bei uns zu Hause gesprochen? Was und wie essen wir gerne? Wie leben wir unseren Glauben? Welche kulturellen Besonderheiten sind für uns als Familie wichtig und wie wohnen wir zusammen? Gestützt von einem Bilderbuch, das verschiedene Familienkonstellationen darstellt, besprechen die Erzieher*innen mit den Kindern die verschiedenen Lebenssituationen und machen deutlich, wie viele verschiedene Formen von Familie es gibt. Dies bringt die Kinder einander näher, stärkt das Wir-Gefühl, weckt Empathie und führt zu einer weltoffenen Grundhaltung.
Kommen Kinder aus schwierigen Umfeldern, aus Kriegs- oder Krisengebieten, wachsen im Heim auf oder mussten beispielsweise den Tod eines Elternteils verarbeiten, so muss im Vorfeld besprochen werden, wie diese Kinder von der Gruppe aufgefangen werden können.

Buchempfehlungen zu Diversität:

→ *Hartmann, Lisa; Nachtsheim, Katharina:*
Wir alle sind Familie.
Fischer Sauerländer, 2022.
Anhand von zehn real existierenden Familien werden hier viele verschiedene Familienkonstellationen, Lebensentwürfe und -realitäten vorgestellt. So unterschiedlich ihre Geschichten auch sind, sie alle haben eins gemeinsam: Sie haben sich lieb.

→ *Engler, Michael:*
Das alles ist Familie.
Carlsen, 2021.
Verpackt in die Geschichte rund um ein Päckchen ohne Adressat*innen lernen hier zwei Kinder die Vielfalt des Konstrukts Familie kennen und lernen am Ende, dass Unterschiede die Normalität sind und dass es das Wichtigste in Familien ist, dass man sich lieb hat.

Thema Inklusion

Die Erzieher*innen zeigen ein Bild von einem Kind im Rollstuhl (oder eine Puppe im Rollstuhl oder ein Bilderbuch). Dann fragen sie die Kinder, ob es ein Kind im Rollstuhl in ihrer Gruppe leicht hätte. Käme es überall durch, gibt es Treppenstufen oder andere Hindernisse, die es nicht überwinden könnte? Wo bräuchte es Hilfe? Die Kinder merken schnell, dass es für ein Kind im Rollstuhl manchmal schwierig wäre und es sich vielleicht ausgeschlossen und unwohl fühlen könnte. So lernen sie, wie wichtig es ist, dass sich alle Kinder willkommen und zugehörig fühlen können.
Diese Einheit ist natürlich um andere Themen erweiterbar. Ein geflüchtetes Kind, ein Kind, das neu in die Gruppe kommt und die Sprache noch nicht spricht, ein Kind mit Lernschwierigkeiten oder mit einer geistigen Behinderung etc. – hier können Sie die Themen an die aktuelle Situation anpassen.

Beispielbuch:

→ *Dietz, André und Shari:*
Ich bin Mari.
arsEedition, 2022.
In diesem Buch verleihen die Eltern ihrer Tochter Mari, die mit dem Angelman-Syndrom geboren wurde und nicht sprechen kann, eine Stimme. Aus Maris Sicht erzählt, erfahren die Leser*innen in dieser Geschichte viel über Maris Behinderung und deren Begleiterscheinungen, über ihre Gefühle und Gedanken, über ihre Sicht auf die Welt und auch darüber, was sich Mari von anderen Menschen im Umgang mit ihr und ihrer Behinderung wünscht.

Thema Gendersensibilität

Die Erzieher*innen machen mit den Kindern ein Experiment. Sie zeigen ihnen nacheinander Gegenstände und fragen, ob es sich um eine Sache für Jungen oder für Mädchen handelt. Und/oder sie fragen die Kinder, ob sie glauben, dass es typische Berufe für Jungen und für Mädchen gibt. Im Anschluss diskutieren die Erzieher*innen

mit den Kindern, wer denn eigentlich bestimmt, was für Mädchen und was für Jungen geeignet ist und ob eine solche Unterscheidung überhaupt Sinn macht. Mithilfe von Bilderbüchern, Bildkarten usw. erklären sie den Kindern, dass sie alles sein dürfen, alles mögen und alles tun dürfen, was sie wollen, und dass ihnen durch ihr Geschlecht keine Grenzen gesetzt werden. Die Kinder können daraufhin ein kleines Plakat erstellen, auf dem sie all das zeigen/malen/kleben, was sie mögen und was sie machen oder sein wollen. Dieses Plakat kann dann auch einen Gesprächsanlass mit den Eltern bieten.

Thema Religion (und Kultur)

Gemeinsam mit den Kindern erarbeiten die Erzieher*innen, welche Feste zu Hause und in der Kita gefeiert werden und warum sie gefeiert werden. Anschließend stellen die Erzieher*innen Feste und Bräuche aus anderen Kulturen vor, z. B.:

- das Lucia-Fest,
- das Zuckerfest,
- das Vesakh-Fest,
- das Schabbat-Fest.

Sind Kinder mit anderem religiösen Hintergrund (als der in Deutschland meist vorherrschenden christlichen Kultur) in der Gruppe, so bietet sich an, dieses Kind miteinzubeziehen und von den Traditionen und Bräuchen der Herkunftsfamilie berichten zu lassen.

Thema Kultur und Sprache

In Vorbereitung auf diese Einheit sollen die Kinder zu Hause mit ihren Eltern überlegen, welche Speisen sie kennen, die ursprünglich aus anderen Kulturkreisen bzw. Ländern stammen. Ausgehend von den Ideen der Kinder, spricht die Gruppe nun über die jeweiligen Länder. Welche Kultur, welche Religion wird dort gelebt? Wie kann man dorthin reisen? Welche Sprache spricht man dort? Was heißt „hallo" in dieser Sprache? War jemand schon einmal dort? Was hat dem Kind/dem*der Erwachsenen dort besonders gefallen? Was war anders als in Deutschland? Etc.

Zum Abschluss der Werkstatt können die Erzieher*innen gemeinsam mit den Kindern einige der Speisen zubereiten und probieren. Im Abschlusskreis wird gemeinsam reflektiert.

Zur Auseinandersetzung mit Ihrer eigenen Haltung zum Thema „Vielfalt" können Ihnen die folgenden Fragen helfen.

Selbstreflexion

Vielfaltssensibilität

Fragen an mich selbst	ja	nein
Gibt es in meiner Gruppe Bücher, Spiele und Puzzles, in denen Vielfalt (People of color, Menschen mit Behinderungen) abgebildet wird?		
Ist für mich ein Stift in „Hautfarbe“ automatisch beige oder rosa?		
Ist für mich Familie unbewusst die klassische Konstellation aus Vater, Mutter und Kind(ern)?		
Ist es für mich etwas anderes, ob Mädchen oder Jungen etwas tun oder nicht tun (z. B. weinen, sich raufen, mit Glitzer basteln)?		
Achte ich auf eine gendersensible Sprache?		
Vermittle ich einen weltoffenen Glauben oder ausschließlich christliche Werte?		
Vermitteln wir in unserer Kita, dass es kein eindeutiges Schönheitsideal gibt, sondern dass jeder Körper einzigartig und besonders ist?		
Vermitteln wir, dass Unterschiede (kulturelle, religiöse usw.) bereichernd sind?		
Vermitteln wir, dass wir Menschen trotz aller Unterschiede immer auch Gemeinsamkeiten haben?		
Stellen wir uns darauf ein, dass Kinder mit anderen kulturellen und religiösen Hintergründen (gegenüber dem in Deutschland weit verbreiteten christlichen Glauben) andere Feste feiern und andere Werte für bedeutsam halten?		
Wecken wir Neugier auf andere Kulturen, Religionen und Sprachen?		
Positioniere ich mich deutlich gegen jedwede Art von Diskriminierung und Rassismus (durch Kolleg*innen, Eltern und Kinder) in unserer Kita?		
Ist Inklusion für mich selbstverständlich?		
Gibt es Gegebenheiten und Rahmenbedingungen in unserer Kita, die Inklusion erschweren?		
Habe ich diesbezüglich Ideen/Vorschläge?		

4 FALLBEISPIELE UND PRAXISTIPPS

4 FALLBEISPIELE UND PRAXISTIPPS

Die Theorie zu einem Thema ist bekanntlich das eine, die Umsetzung das andere. Aus diesem Grund finden Sie im folgenden Kapitel zahlreiche Situationen, die Sie aus Ihrem pädagogischen Alltag (so oder so ähnlich) kennen und die die theoretischen Ausführungen der ersten drei Kapitel konkreter und somit noch verständlicher machen sollen.

Fallbeispiele zur Prävention von Mobbing

Dieses Kapitel zeigt anhand konkreter Fallbeispiele, wie die Grundpfeiler der Mobbing-Prävention im Kita-Alltag umgesetzt werden können. Mittels alltagsnaher Situationen werden verschiedene Reaktionen auf ein und dieselbe Situation beschrieben sowie Vor- und Nachteile dieser Reaktionen beleuchtet.

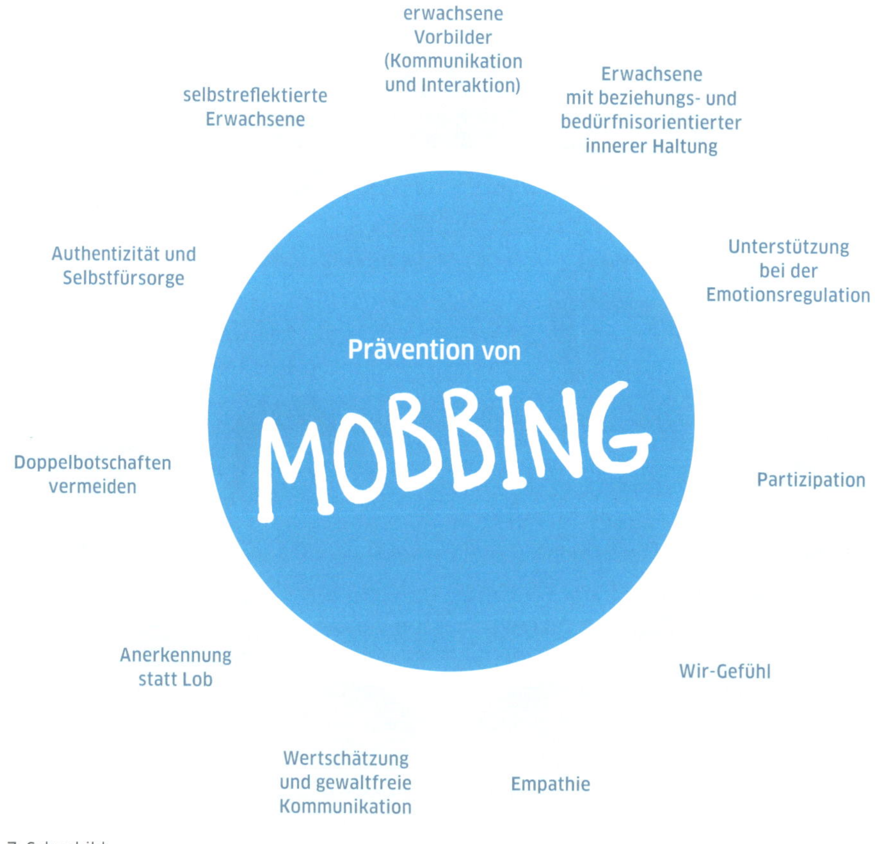

Abb. 7: Schaubild Mobbing-Prävention

Intensive Gefühle bedürfnisorientiert begleiten

Der Vater des dreijährigen Fynn verabschiedet sich hastig, weil er sonst zu spät zur Arbeit kommt. Fynn hat die Verabschiedung gar nicht bewusst registriert und kaum ist sein Papa zur Tür heraus, beginnt er, zu weinen.

Reaktion 1: Erzieherin Susanne schiebt Fynn in die Gruppe. „Ach Mensch, Fynn, es gibt doch jetzt gar keinen Grund, zu weinen!", sagt sie. „Der Papa muss pünktlich zur Arbeit und du weißt ja, dass er nachher wiederkommt. Jetzt hör mal auf, zu weinen, es ist doch alles in Ordnung. Und außerdem bist du doch schon groß oder etwa nicht?"

Erzieherin Susanne agiert in diesem Fallbeispiel nicht bedürfnisorientiert:

- Sie negiert Fynns Gefühle, nimmt ihnen damit die Legitimation und stört so seinen inneren Kompass. Sie spendet keinen Trost.
- Sie vermittelt Fynn, dass sie sein Verhalten unangemessen findet und etwas anderes von ihm erwartet, zeigt also kein Verständnis für seine Gefühle.
- Sie fordert, dass Fynn sein natürliches und dringliches Bedürfnis nach Trost unterdrückt und seine damit einhergehenden Emotionen schnell und ohne ihre Hilfe reguliert. Sie vermittelt, dass „groß sein" und „stark bleiben" das erstrebenswerte Ziel ist, er sich zusammenreißen und keine Emotionen zeigen soll. Damit steht sie Fynn nicht bei der Verarbeitung seiner intensiven Gefühle bei – im Gegenteil bürdet sie ihm zusätzlich noch Gefühle von Überforderung und Hilflosigkeit auf.
- Sie erwartet von Fynn einen Perspektivwechsel, zu dem er altersbedingt noch nicht in der Lage ist, und gibt ihm das Gefühl, dass das Bedürfnis seines Vaters wichtiger ist als sein eigenes und er darauf Rücksicht nehmen soll. Sie wendet sich also nicht liebevoll Fynn, sondern der Perspektive des Vaters zu. Eine Emotionsregulation von außen findet hier nicht statt.

Welche Reaktion wäre im Sinne der Prävention von Mobbing günstiger?

Reaktion 2: Erzieher Sandro hockt sich zu Fynn auf den Boden. „Das ging dir jetzt zu schnell, oder?", fragt er. „Dass du jetzt weinst, kann ich verstehen. Ich wäre an deiner Stelle auch traurig. Weißt du was? Ich bleibe einfach bei dir, bis es dir besser geht, o.k.? Und wenn der Papa nachher wiederkommt, dann sagen wir ihm, dass er beim nächsten Mal noch warten soll, bis du so weit bist!"

Sandro begegnet Fynn in dieser Situation bedürfnisorientiert:

- Er nimmt die Bedürfnisse hinter Fynns Verhalten wahr, spendet als Bindungsperson den notwenigen Trost und unterstützt Fynn somit sowohl kurz- als auch langfristig bei der Emotionsregulation.

- Er wertet nicht (ab), sondern spiegelt Fynns Gefühle und benennt sie. Er zeigt Verständnis und Mitgefühl und legitimiert somit Fynns Gefühle.
- Er akzeptiert Fynn als Person mit allen Facetten seiner Gefühle. Dies vermittelt Fynn das Gefühl von Angenommensein und Wertschätzung und erfüllt damit sein Grundbedürfnis nach Verbundenheit.
- Er stellt Hilfe bzw. eine Lösung in Aussicht, bleibt liebevoll zugewandt und hilft Fynn dadurch bei der Regulation seiner intensiven Gefühle.

Bedeutung des Beispiels für die Mobbing-Prävention

Je nachdem, wie sich die verantwortlichen Erwachsenen in dieser Situation verhalten, lernt Fynn entweder, dass ...

- er nicht authentisch sein darf (in diesem Fall nicht weinen darf) und seine Emotionen unterdrücken soll.
- seine Gefühle anscheinend nicht zur Situation passen, was eine Störung seines inneren Kompasses zur Folge hat.
- seine Bedürfnisse keine Bedeutung haben bzw. seine Signale nicht beantwortet werden. Das wiederum ist hinderlich für die Konzepte von Vertrauen in sich selbst und in andere Menschen.
- er sich den Forderungen der Erwachsenen anpassen muss, um sein Grundbedürfnis nach Zugehörigkeit zu befriedigen, also anerkannt und gemocht zu werden. Das wiederum hat negativen Einfluss auf seine Selbstwahrnehmung, sein Gefühl von Selbstwirksamkeit sowie seine Emotionsregulation.
- sich sein Stresslevel durch den Kontakt mit anderen Menschen noch steigert.
- er allein gelassen wird und selbst eine Lösung für sein Problem herbeiführen muss.

Oder er lernt, dass ...

- seine Selbstwahrnehmung und sein innerer Kompass funktionieren, dass seine Bedürfnisse berechtigt sind und seine Gefühle zur Situation passen.
- er mit seinen negativen Emotionen angenommen und wertgeschätzt wird, dass er also um seiner selbst willen liebenswert ist. So kann Fynn lernen, seine negativen Emotionen anzunehmen und zu integrieren. Die Emotionsregulation von außen wird langfristig dazu führen, dass er seine Emotionen selbst regulieren kann.
- er darauf vertrauen kann, dass seine Signale adäquat beantwortet werden, er also Vertrauen in andere Menschen haben kann.
- sein Stresslevel durch den Kontakt mit anderen Menschen sinkt.
- er selbstwirksam ist, wenn er authentisch ist, dass es also gut ist, Emotionen auszuleben. So entsteht Vertrauen in sich selbst.

Noch mal zur Erinnerung: Hinter jeder Gefühlsäußerung steht ein Bedürfnis. Die emotionale Not ist dann am größten, wenn zentrale Bedürfnisse unerfüllt bleiben. Machen wir uns in diesem Zusammenhang noch einmal bewusst, dass Mobbingtäter*innen ...

- genau den Druck weitergeben, den sie durch eigene unerfüllte Bedürfnisse erleben,
- oft Schwierigkeiten in der Emotionsverarbeitung und der Impulskontrolle haben,
- ihr Mitgefühl gegenüber dem Opfer abspalten,
- sich „groß und stark" statt schwach und verletzlich fühlen wollen,
- auf die Anerkennung durch andere Menschen angewiesen sind und
- auf eine unsoziale Art und Weise versuchen, ihre Probleme selbst zu lösen.

Dies zeigt, wie wichtig es ist, intensive Gefühle, wie beispielsweise Traurigkeit, adäquat zu begleiten, statt sie zu negieren und Kinder zur Unterdrückung dieser Emotionen zu zwingen. Denn wir wissen ja: Für unterdrückte Gefühle brauchen Kinder ein Ventil.

Umgang mit störendem Verhalten

Der fünfjährige Paul ist mit dem Essen fertig und hampelt immer unruhiger auf seinem Stuhl herum. Er trommelt mit dem Löffel auf den Tisch, schneidet Grimassen, gurgelt mit seinem Wasser und versucht mit allerlei Blödsinn, die anderen (noch essenden) Kinder zum Lachen zu bringen.

Reaktion 1: Erzieher Jakob ermahnt Paul mehrfach und in immer schärfer werdendem Ton und erinnert ihn an die Einhaltung von Gruppenregeln. Paul unterbricht sein Tun jedes Mal für ein paar Sekunden, beginnt dann aber von Neuem. „Siehst du hier irgendein anderes Kind, dass sich so verhält wie du, Paul? Warum musst du eigentlich immer den Clown spielen?" Paul schaut beschämt zu Boden. „Letzte Chance jetzt", sagt Jakob drohend, „wenn du nicht aufhörst, musst du in den Nebenraum gehen." Als Paul beim erneuten Herumhampeln auf seinem Stuhl aus Versehen sein Glas umstößt, bringt Jakob ihn in den Nebenraum, wo er allein auf einem Stuhl sitzen bleiben muss.

Erzieher Jakob agiert in diesem Fallbeispiel weder bedürfnisorientiert, beziehungsorientiert noch situationsorientiert und vor allem nicht mit einer Haltung der Gleichwürdigkeit und im Sinne der gewaltfreien Kommunikation:

- Er versucht nicht, das Bedürfnis hinter dem Verhalten zu erkennen.
- Er gibt Paul keinerlei Hilfestellung.
- Er droht und bestraft.
- Er isoliert Paul von der Gruppe.
- Er vergleicht und beschämt Paul vor der Gruppe und stigmatisiert ihn als störend.

Welche Reaktion wäre also im Sinne der Prävention von Mobbing günstiger?

Reaktion 2: Erzieherin Helga weiß, dass Paul einen starken Bewegungsdrang hat, der sich bei Aufregung in motorischer Unruhe zeigt. Sie weiß auch, dass Paul am Nachmittag Besuch von seinem Vater bekommt, den er nur unregelmäßig sieht. „Paul," sagt sie, „du bist schon fertig, oder?" Paul nickt. „Kannst du mir einen Gefallen tun? Kannst du fünf Pakete Taschentücher aus der Abstellkammer für mich holen?" Paul freut sich, dass er aufstehen darf. „Danke, Paul", ruft ihm Helga hinterher.

Erzieherin Helga begegnet Paul bedürfnisorientiert:

- Sie hat verstanden, dass jede Verhaltensäußerung mit Gefühlen zu tun hat, die durch unerfüllte (oder erfüllte) Bedürfnisse entstehen.
- Situationsorientiert fragt sie sich, welche grundsätzlichen und akuten Lebensumstände Ursache für das störende Verhalten sein könnten.
- Das daraus resultierende Verständnis führt dazu, dass sie Hilfe anbietet, statt Paul zu bestrafen.
- Sie deutet die Situation um (Reframing) und vermittelt Paul so das Gefühl, dass er wichtig und wertvoll ist.

Bedeutung des Beispiels für die Mobbing-Prävention

Je nachdem, wie sich die verantwortlichen Erwachsenen in dieser Situation verhalten, lernt Paul entweder, dass ...

- mit ihm etwas nicht stimmt, weil er das einzige Kind ist, das sich nicht adäquat verhält,
- er seine natürlichen Impulse unterdrücken muss, weil er keine Hilfe zu erwarten hat,
- Anpassung und Wie-die-anderen-Sein das ausgewiesene Ziel ist,
- es ein legitimes Mittel ist, andere Menschen zu beschämen,
- es eine gute Strategie ist, jemandem zu drohen und ihm Ultimaten zu setzen,
- es ein legitimes Mittel ist, jemanden zur Bestrafung aus der Gruppe auszuschließen.

Oder er lernt, dass ...

- er wertgeschätzt wird, auch wenn er seine motorische Unruhe nicht im Griff hat,
- er Hilfe erwarten kann, wenn er sie braucht bzw. dass es immer eine Lösung gibt,
- er hilfreich für andere Menschen sein kann und dies ein gutes Gefühl ist.

Machen wir uns in diesem Zusammenhang noch einmal bewusst, dass Mobbingtäter*innen ...

- oft ein Ventil für eigene unterdrückte negative Emotionen suchen,
- andere Menschen beschämen und erniedrigen,
- drohen, erpressen und unter Druck setzen,
- das Ziel verfolgen, andere Kinder aus der Gruppe auszuschließen.

Vor diesem Hintergrund wird klar, wie wichtig es ist, als Vorbild solche Verhaltensweisen zu vermeiden. Kinder lernen am Modell – leben Sie als verantwortliche*r Erzieher*in eine solche Form der Erziehung vor, so wird es immer wieder Kinder geben, die auf diese gelernten Strategien zurückgreifen.

Gewaltfreie Kommunikation in Konfliktsituationen

Die beiden vierjährigen Mädchen Josephine und Lena streiten sich in der Puppenecke darum, wer die Mutter sein darf. Irgendwann reißt Lena Josephine die Puppe aus der Hand und schubst sie weg. Josephine beginnt, zu weinen.

Reaktion 1: Erzieherin Marie-Lisa ruft beide Kinder zu sich. „Warum müsst ihr eigentlich immer streiten, ihr zwei?", fragt sie seufzend. „Ich habe euch schon tausend Mal gesagt, dass ihr euch nicht gegenseitig schubsen oder Sachen wegnehmen sollt!" „Aber Josephine ist immer die Mutter", beklagt sich Lena. „Stimmt gar nicht!", wehrt sich Josephine. „Ich will nichts davon hören jetzt", sagt die Erzieherin. „Die Puppenecke ist für euch heute gestrichen."

Marie-Lisa reagiert hier nicht bedürfnisorientiert und nicht im Sinne der gewaltfreien Kommunikation:

- Sie verallgemeinert und macht Vorwürfe.
- Sie lässt die Kinder nicht zu Wort kommen.
- Sie bietet keine Unterstützung bei der Konfliktlösung an.
- Sie bestraft (Richten statt Streitschlichten).

Welche Reaktion wäre im Sinne der Prävention von Mobbing günstiger?

Reaktion 2: Erzieher Walter setzt sich zu den Mädchen auf den Boden. „Ich habe gesehen, dass ihr gerade Schwierigkeiten hattet, euch zu einigen", sagt er. „Wie fühlt ihr euch jetzt?" „Doof", antworten beide Mädchen wie aus einem Mund. „Das verstehe ich gut", sagt Walter. „In solchen Situationen fühle ich mich auch immer doof. Was ich dann brauche, ist ein richtig guter Kompromiss." Unschlüssig schauen die Mädchen einander an. „Was könnte denn für euch ein Kompromiss sein?", fragt Walter. „Vielleicht abwechseln?", fragt Josephine. „Abwechseln ist eine super Idee!", sagt Walter. „Aber dann bin ich zuerst die Mutter", fordert Lena. „Josephine war gestern schon die Mutter." Josephine überlegt kurz. „Aber dann bin ich jetzt die Oma und morgen darf ich wieder die Mutter sein." Lena ist einverstanden und Walter gibt beiden Mädchen eine „High Five".

Erzieher Walter verwendet eine gewaltfreie Sprache und lenkt den Fokus auf die Bedürfnisse und Gefühle der Kinder:

- Er schildert seine Beobachtung.
- Er schwingt emotional mit.
- Er stellt den Kompromiss als Bedürfnis in den Mittelpunkt.

Bedeutung des Beispiels für die Mobbing-Prävention

Je nachdem, wie sich die verantwortlichen Erwachsenen in dieser Situation verhalten, lernen Josephine und Lena, dass ...
- Erwachsene nicht zuhören, sondern vorschnell strafen,
- Konflikte nicht gelöst werden (können).

Oder sie lernen, dass ...
- Erwachsene eine Quelle der Unterstützung sind,
- Konflikte gelöst werden können.

Machen wir uns in diesem Zusammenhang noch einmal bewusst, dass sowohl die Mobbingopfer als auch die Gruppe der Ermöglicher*innen auf verantwortliche Erwachsene angewiesen sind, ...
- die zuhören und emotional mitschwingen und
- an die sie sich in der Hoffnung auf Unterstützung vertrauensvoll wenden können.

Das Beispiel zeigt, wie wichtig es ist, dass Sie als Erzieher*in den Grundstein für eine positive Erwartungshaltung von Kindern legen.

Sich entschuldigen – Augenhöhe wiederherstellen

Die dreijährige Chantal will ihrem Erzieher Justin unbedingt etwas zeigen. Energisch zupft sie an seinem Ärmel. „Justin", ruft sie. „Justin, guck doch mal!" Als Justin nicht sofort reagiert, zieht Chantal erneut an Justins Pullover. „Justin ..., Justin ...! Jetzt guck doch mal!", ruft sie ungeduldig.

Reaktion 1: Justin, der sich gerade mit seiner Kollegin Anne unterhält, schüttelt ärgerlich Chantals Hand ab. „Hör auf, an mir zu zerren, Chantal", ruft er aufgebracht. „Ich bin nicht taub, aber du bist jetzt nicht dran!" Chantal läuft in den Nebenraum und verkriecht sich in der Kuschelecke.

Justin reagiert in diesem Beispiel wenig beziehungs- und bedürfnisorientiert:
- Er weist Chantal grob zurück und vermittelt ihr, dass sie ihm lästig ist. Das stört Chantals Selbstwertgefühl.
- Er begegnet ihr nicht auf Augenhöhe, sondern stellt ein Machtgefälle her.

- Er stellt auch im Nachhinein nicht wieder Vertrauen her, sondern lässt Chantal mit ihren Gefühlen allein.

Welche Reaktion wäre im Sinne der Prävention von Mobbing günstiger?

Reaktion 2: Justin, der sich gerade mit seiner Kollegin Anne unterhält, schüttelt ärgerlich Chantals Hand ab. „Hör auf, an mir zu zerren, Chantal", ruft er aufgebracht. „Ich bin nicht taub, aber du bist jetzt nicht dran!" Chantal läuft in den Nebenraum und verkriecht sich in der Kuschelecke. Nachdem Justin das Gespräch mit Anne beendet hat, tut es ihm leid, wie er sich Chantal gegenüber verhalten hat. Er findet sie in der Kuschelecke und setzt sich zu ihr. „Ich möchte mich bei dir entschuldigen", sagt er. „Ich war nicht nett zu dir vorhin und das hattest du gar nicht verdient." Chantal schaut Justin neugierig und abwartend an. „Ich hatte gerade etwas Wichtiges mit Anne zu besprechen und war angespannt. Ich konnte nicht gleichzeitig Anne zuhören und auf dich reagieren. Deshalb war ich so ungehalten. Ich verspreche dir, dass ich es das nächste Mal anders versuche, o.k.?" Chantal lächelt vorsichtig.

„Was wolltest du mir denn so dringend zeigen vorhin?" „Da war ein Marienkäfer auf der Fensterbank", sagt Chantal mit leuchtenden Augen, „jetzt kommt der Frühling!" Justin schüttelt bedauernd den Kopf: „Jetzt tut es mir erst recht leid, dass ich keine Zeit hatte, direkt mitzukommen. Den Marienkäfer hätte ich ja gerne gesehen. Willst du mir jetzt zeigen, wo genau er saß?" Chantal zieht Justin zum Fenster. „Hier in der Sonne war es dem Marienkäfer bestimmt schön warm", sagt Justin und Chantal nickt begeistert. „Was meinst du, Chantal", fragt Justin, „könntest du auch was anders machen, wenn du was von mir möchtest, ich aber gerade mit einer anderen Person rede?" Chantal nickt. „Was denn?", fragt Justin. „Abwarten", sagt Chantal und Justin grinst zustimmend. Die beiden geben sich eine High Five.

Anmerkung: Grundsätzlich wäre es natürlich günstiger, würde Justin in der Situation im Sinne der Gewaltfreien Kommunikation reagieren. Er könnte Chantal beispielsweise sagen, dass er ihre Aufregung bemerkt und gerne schauen kommt, sobald er dafür Zeit hat. Er könnte sie darauf aufmerksam machen, dass er sich gerade unterhält, und sie bitten, einen kleinen Moment zu warten. So bliebe das Gespräch mit Chantal auf Augenhöhe und Justin käme zu seinem Ziel, nämlich in Ruhe das Gespräch zu Ende zu führen. Aber Reaktion 2 stellt auch so einen wichtigen Aspekt innerhalb der Mobbing-Prävention dar.

Der bedeutsame Unterschied zu Reaktion 1 besteht darin, dass Justin zu seinem ungünstigen Verhalten Stellung bezieht und sich entschuldigt:

- Er macht deutlich, dass er sich nicht gut verhalten hat.
- Er erklärt, wie es zu diesem Verhalten kam, und nimmt Bezug auf seine eigenen Gefühle und Bedürfnisse.

- Er bittet um Verzeihung, stellt also wieder Augenhöhe her.
- Er verspricht, dass er es in Zukunft besser machen will.
- Er geht im Anschluss an die ungünstige Situation in den Kontakt und den Dialog mit Chantal und agiert so zumindest im zweiten Teil der Situation beziehungs- und bedürfnisorientiert.
- Er teilt Chantals Begeisterung und gibt ihr so das Gefühl, gesehen und mit ihren Interessen wertgeschätzt zu werden.
- Er hilft Chantal, zu reflektieren, was sie in einer nächsten ähnlichen Situation anders/besser machen könnte.

Bedeutung des Beispiels für die Mobbing-Prävention

Je nachdem, wie sich die verantwortlichen Erwachsenen in dieser Situation verhalten, lernt Chantal entweder, dass ...

- sie nicht wertschätzend behandelt wird und es scheinbar in Ordnung ist, sich so zu verhalten,
- es nicht von Bedeutung ist, was sie mitteilen möchte,
- dass es normal ist, ein Machtgefälle herzustellen, bei dem es einen „starken" und einen „schwachen" Menschen gibt.

Oder sie lernt, ...

- eine positive Fehlerkultur zu verinnerlichen,
- vertrauensvolle Beziehungen auf Augenhöhe einzugehen,
- zu verzeihen,
- dass sich die Verbundenheit zu anderen Menschen gut anfühlt und
- dass es für andere von Bedeutung ist, was sie mitteilen möchte.

Machen wir uns in diesem Zusammenhang noch einmal bewusst, dass Mobbingtäter*innen ...

- manchmal unter starkem Leistungsdruck stehen und ihr Selbstwertgefühl daran koppeln, keine Fehler machen zu dürfen,
- Fehler oder Angriffsflächen im Außen, also bei anderen suchen,
- keine Beziehungen auf Augenhöhe leben, sondern zur Erhöhung des Selbstwerts ein Machtgefälle herstellen,
- sich selbst besonders dann sicher fühlen, wenn sie andere Menschen abwerten (als lästig oder unwichtig darstellen) können.

Das Beispiel zeigt, wie wichtig es ist, dass Sie als Erzieher*in eine wertschätzende Kommunikation und Interaktion vorleben und Situationen angemessen aufarbeiten, in denen Ihnen dies nicht gelungen ist!

Augenhöhe und Ultimatum

Die dreijährige Zoe weigert sich, das Dreirad mit anderen Kindern zu teilen. Einige Kinder beschweren sich bei den Erwachsenen.

Reaktion 1: Erzieher Joseph bittet Zoe, das Dreirad abzugeben. Zoe ruft: „Aber ich will es auch noch haben!" „Das kann sein", sagt Joseph, „aber die anderen Kinder warten und du hast es schon lange genug gehabt." Zoe bleibt bockig auf dem Dreirad sitzen und schüttelt den Kopf. „Zoe", sagt Joseph, „ich warne dich, mach jetzt kein Theater! Ich zähle bis drei und dann gehst du da runter!" Zoe beginnt, zu schreien. „Eins", zählt Joseph. Zoe springt vom Dreirad und läuft weinend weg.

Erzieher Joseph reagiert in diesem Beispiel nicht auf Augenhöhe, sondern setzt seine Macht ein (Adultismus):

- Er spielt sich als Richter auf, statt in die Rolle des Streitschlichters zu schlüpfen.
- Er setzt Zoe unter Druck.
- Er wählt eine abwertende Sprache.
- Er spricht ein Ultimatum aus.
- Er nutzt seine Machtposition aus.
- Er lässt Zoe mit ihrer Frustration allein.

Welche Reaktion wäre im Sinne der Bedürfnisorientierung und somit für die Prävention von Mobbing günstiger?

Reaktion 2: Erzieherin Steffi hockt sich neben Zoe. „Du hättest das Dreirad gerne ganz für dich allein, stimmt's?" Zoe nickt. „Manchmal nervt das ganz schön, wenn man immer teilen muss, oder?", fragt Steffi. Zoe nickt wieder. „Ich verstehe das!", sagt Steffi. „Ich verstehe aber auch die anderen Kinder. Das Dreirad ist ja für alle da." Zoe überlegt. „Ich will aber noch mal die Strecke bis ganz hinten fahren", sagt sie. „O.k.", sagt Steffi, „dann mach das. Willst du danach vielleicht mit mir das Hochbeet gießen? Ich könnte deine Hilfe gut gebrauchen." Zoe fährt noch eine Runde mit dem Dreirad und gibt es dann bereitwillig ab, um Steffi zu helfen.

Erzieherin Steffi ...

- begegnet Zoe gleichwürdig,
- begegnet Zoe auf der Beziehungsebene,
- äußert Verständnis für Zoe,
- gibt Zoe Zeit,
- bietet Zoe die Möglichkeit, einen Abschluss zu finden,
- bietet Zoe auf der Beziehungsebene einen Ausweg aus der Situation an.

Bedeutung des Beispiels für die Mobbing-Prävention

Je nachdem, wie sich die Erwachsenen in dieser Situation verhalten, lernt Zoe, dass ...
- es legitim ist, eine Machtposition auszunutzen, um jemand anderen unter Druck zu setzen und ihm Befehle zu erteilen,
- sie sich einer autoritären Person unterordnen muss,
- Wertschätzung in Beziehungen davon abhängt, ob sie sich anpasst,
- ihre eigenen Bedürfnisse keine Rolle spielen und sie nicht authentisch sein darf,
- sie mit ihren Gefühlen allein gelassen wird.

Oder sie lernt, ...
- dass ihre Bedürfnisse gesehen werden,
- dass unterschiedliche Bedürfnisse miteinander verhandelt werden müssen,
- vertrauensvolle Beziehungen auf Augenhöhe einzugehen,
- dass Erwachsene Verständnis haben und Empathie vorleben,
- dass Erwachsene eine Quelle der Unterstützung sind,
- Kompromisse einzugehen.

Machen wir uns in diesem Zusammenhang noch einmal bewusst, dass Mobbing-täter*innen ...
- keine Beziehungen auf Augenhöhe pflegen,
- zur Erhöhung des Selbstwerts ein Machtgefälle herstellen,
- andere Menschen unter Druck setzen.

und dass Ermöglicher*innen sich ...
- scheinbar stärkeren Kindern unterordnen,
- nicht authentisch agieren und sich anpassen,
- Erwachsene nicht als Quelle der Unterstützung wahrnehmen bzw. nutzen.

Deshalb ist es sehr wichtig, dass Sie als Erzieher*in sich mit dem Thema „Adultismus" auseinandersetzen.

Nicht bewerten

Die vierjährige Stacy hat ein Bild von einem Menschen gemalt und zeigt es stolz Erzieherin Kim.

Reaktion 1: „Oh, du hast einen Menschen gemalt", sagt Erzieherin Kim. „Aber dieser arme Mensch hat ja gar keine Ohren." Kim nimmt das Bild zurück und ergänzt Ohren. Dann zeigt sie das Bild erneut ihrer Erzieherin. „Jetzt kann der Mensch auch hören, das ist gut", sagt Kim. „Und was ist mit dem Hals?"

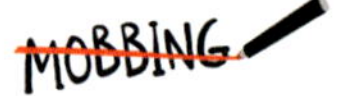

Erzieherin Kim ...

- bewertet die Leistung statt den Prozess,
- begegnet Stacy nicht auf Augenhöhe, sondern stellt durch die Bewertung ein Gefälle in der Beziehung her,
- vermittelt mehrfach, dass das Gemälde nicht richtig, nicht gut genug ist,
- schwächt das Selbstwertgefühl.

Welche Reaktion wäre also im Sinne der Prävention von Mobbing günstiger?

Reaktion 2: „Für mich?“, fragt Kim. Stacy nickt und Kim lächelt sie an. „Was hast du denn für mich gemalt?“ „Das bist du“, sagt Stacy. „Ja, jetzt sehe ich es auch. Die Ähnlichkeit ist nicht zu übersehen“, sagt Kim. Stacy lacht. „Ich habe extra einen schwarzen Pulli und eine blaue Hose gemalt“, sagt sie stolz. Kim blickt an sich herunter. „Stimmt! Gut beobachtet“, sagt sie. „Danke, Stacy! Weißt du was? Ich schreibe jetzt das Datum auf die Rückseite, dann weiß ich immer, was ich am heutigen Tag anhatte.“ Sie notiert das Datum und hängt das Bild an die Pinnwand. Stacy ist sichtlich stolz und kehrt zum Basteltisch zurück.

Erzieherin Kim ...

- fragt nach Stacys Absichten und lässt sie erklären,
- nimmt Stacys Initiative auf und folgt ihr,
- bewertet nicht die Leistung, sondern die Geste,
- bringt Stacy Wertschätzung entgegen und stärkt ihr Selbstwertgefühl,
- nutzt die Situation für eine gemeinsame positive Beziehungserfahrung,
- sorgt dafür, dass Stacy Vertrauen aufbaut, sich jederzeit an Kim wenden zu können und eine zugewandte Reaktion zu erhalten.

Die Bedeutung des Beispiels für die Mobbing-Prävention

Je nachdem, wie sich die verantwortlichen Erwachsenen in dieser Situation verhalten, lernt Stacy entweder, dass ...

- nicht der Prozess bzw. die Anstrengung innerhalb der Lernphase zählen, sondern das Ergebnis,
- nicht gut genug ist, was sie tut/kann/ist,
- sie nur dann anerkannt und wertgeschätzt wird, wenn die Leistung mit der Erwartung der Erwachsenen übereinstimmt,
- sie ein bestimmtes Ergebnis bringen muss, um eine positive Reaktion zu bekommen,
- Leistung und Erfolg mit dem Selbstwert verknüpft sind,
- Erwachsene die Quelle von Enttäuschung und Unbehagen sein können.

Oder sie lernt, dass ...
- ihre Absichten und Anstrengungen das Wichtigste sind,
- sie nicht perfekt sein muss, um wertgeschätzt zu werden,
- die Beziehung zu Erwachsenen Quelle positiver Emotionen ist,
- ihr Wert nicht davon abhängt, was sie zu leisten imstande ist.

Machen wir uns in diesem Zusammenhang noch einmal bewusst, dass Mobbingtäter*innen ...
- ihr eigenes Selbstwertgefühl aufpolieren wollen,
- häufig ihren Selbstwert an Leistung knüpfen,
- im Elternhaus manchmal nicht um ihrer selbst willen anerkannt und wertgeschätzt werden.

Das Beispiel zeigt, wie wichtig es ist, dass Sie als Erzieher*in nicht das Ergebnis in den Fokus rücken, sondern die Anstrengungen des Lernprozesses und die positiven Absichten der Kinder.

Du-Botschaften versus Ich-Botschaften

Obwohl die Kinder die Regeln gut kennen, laufen sie im Gruppenraum herum und sind sehr laut. Besonders der dreijährige Anton stiftet die anderen Kinder dazu an, zu schreien und wild herumzurennen.

Reaktion 1: Erzieher Walter ruft laut durch die Gruppe: „Hey, stopp jetzt, es reicht!" und winkt Anton zu sich. „Du hörst jetzt sofort auf, hier so rumzurennen, Anton!", schimpft er. Anton schaut ertappt zu Boden. „Du weißt genau, dass du das nicht sollst! Warum kannst du dich nicht einfach mal an die Regeln halten wie alle anderen auch?"

Erzieher Walter ...
- wird selbst laut, obwohl er genau das bei den Kindern nicht möchte,
- schimpft, ohne Anton zu Wort kommen zu lassen,
- beschämt Anton vor den anderen Kindern,
- isoliert Anton damit von der Gruppe,
- wählt eine abwertende Sprache,
- klagt Anton mit Du-Botschaften an.

Welche Reaktion wäre also im Sinne der Prävention von Mobbing günstiger?

Reaktion 2: Erzieher Bjarne hockt sich vor Anton hin. „Mir ist das hier viel zu laut, Anton", sagt er. „Ich möchte, dass ihr leiser spielt!" Anton nickt schuldbewusst.

„Aber wir sind Piraten und haben gerade einen Schatz gefunden", erklärt er. „Ich verstehe", sagt Bjarne. „Dann machen wir einen Kompromiss. Ihr dürft in der Turnhalle wilde Piraten sein, aber hier im Gruppenraum müsst ihr euch ein ruhigeres Spiel überlegen, o.k.?" „Dürfen wir jetzt in die Turnhalle?", fragt Anton. „Gib mir fünf Minuten Zeit, das abzusprechen, o.k.?", fragt Bjarne. „O.k.", sagt Anton und geht so lange mit den anderen Kindern zum Bauteppich.

Erzieher Bjarne ...
- geht im wahrsten Sinne des Wortes auf Augenhöhe,
- teilt sein Bedürfnis und seine Bitte mithilfe von Ich-Botschaften mit (im Sinne der Gewaltfreien Kommunikation),
- zeigt Verständnis,
- sucht einen Kompromiss.

Die Bedeutung des Beispiels für die Mobbing-Prävention

Je nachdem, wie sich die Erwachsenen hier verhalten, lernt Anton entweder, dass ...
- es legitim ist, wenn man eine Machtposition ausnutzt, um andere Menschen anzuklagen,
- es o.k. ist, andere Menschen verbal abzuwerten,
- er sich einer autoritären Person unterzuordnen hat,
- seine Bedürfnisse keine Rolle spielen,
- er nicht richtig ist, so wie er ist.

Oder er lernt, dass ...
- seine Bedürfnisse Raum bekommen,
- Bedürfnisse miteinander verhandelt werden müssen,
- er wertgeschätzt und gemocht wird, auch wenn dem Erwachsenen sein Verhalten nicht gefallen hat (Abkopplung Verhalten und Person),
- Erwachsene eine Quelle von Unterstützung ist,
- Kompromisse das angestrebte Ziel sind.

Machen wir uns in diesem Zusammenhang noch einmal bewusst, dass Mobbingtäter*innen ...
- ihre Machtposition ausnutzen, um andere Kinder abzuwerten und zu beschämen,
- negative Zuschreibungen zu einer Person machen,
- das Opfer von der Gruppe isolieren,
- kein Interesse an Kompromissen und Gleichwürdigkeit haben,
- nicht wertschätzend kommunizieren und interagieren.

Es wird deutlich, dass auch solche alltäglichen Situationen wichtig sind, um einen Beitrag zur Prävention von Mobbing zu leisten.

Initiativen folgen statt Impulse setzen

Der zweijährige Tim hantiert scheinbar ziellos mit den Spielzeugautos herum. Zuerst räumt er die Autos aus der Kiste aus, dann räumt er sie wieder ein, dann lässt er ein Auto fahren, dann legt er es wieder weg.

Reaktion 1: Erzieherin Ming setzt sich zu Tim auf den Teppich. „Schau mal, Tim", sagt sie, „lass das Auto doch mal hier fahren." Sie lässt das Auto über ein schräg gestelltes Brett fahren. Tim nimmt das Auto und lässt es fahren. „Toll", ruft Ming, „und jetzt das grüne Auto." Tim holt ein grünes Auto und lässt es über das Brett fahren. „Hast du auch ein blaues Auto?", fragt Ming. Tim holt ein rotes Auto. „Das ist doch nicht blau", sagt Ming mit hochgezogenen Augenbrauen. „Ich wollte ein blaues Auto." Tim kramt in der Kiste und zieht ein rotes Auto hervor. „Ich glaube, das mit den Farben müssen wir noch mal üben", sagt Ming, stellt verschiedene Autos nebeneinander und benennt die Farben. „Jetzt du", sagt sie zu Tim. Doch der steht auf und geht zum Basteltisch.

Erzieherin Ming ...

- gibt Impulse, statt Tims Initiative zu folgen,
- untergräbt damit Tims intrinsisch motiviertes Tun,
- legt den Fokus auf die kognitive Entwicklung von Tim und entscheidet, was er in dieser Situation lernen soll,
- gibt Tim das Gefühl, dass er nicht gut genug ist mit dem, was er tut und weiß,
- lässt Tim frustriert aus der Spielsituation aussteigen.

Welche Reaktion wäre im Sinne der Prävention von Mobbing günstiger?

Reaktion 2: Erzieherin Silvia setzt sich zu Tim auf den Teppich. „Na, Tim, räumst du die Autos ein und aus?" Tim nickt eifrig und kippt die Kiste mit den Autos aus. „Boah, so viele", sagt Silvia. Tim hebt ein Auto auf und gibt es Silvia. „Danke", sagt Silvia, „Gelb ist meine Lieblingsfarbe." Tim geht zur Kiste zurück und holt noch ein gelbes Auto. „Noch ein gelbes Auto", freut sich Silvia und stellt beide Autos hintereinander auf den Teppich. Tim geht zur Kiste zurück und holt zwei weitere gelbe Autos und stellt sie dazu. „Eine gelbe Autoschlange", sagt Silvia. Tim nickt begeistert. „Gelb", sagt er. Dann holt er mehrere rote Autos und stellt sie in eine Reihe neben die gelben Autos. „Gute Idee", sagt Silvia. „Jetzt haben wir auch noch eine rote Autoschlange." Tim geht zur Kiste zurück und holt blaue Autos. „Blau", sagt er. „Mensch Tim, du kannst ja schon die Farben unterscheiden", sagt Silvia. Tim freut sich.

Erzieherin Silvia ...

- gibt Tim die Chance auf intrinsisch motiviertes Spielen,
- bestärkt Tim, indem sie seiner Initiative folgt,

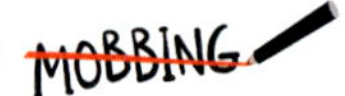

- verschafft Tim eine positive Beziehungserfahrung,
- legt den Fokus auf die Interaktion im Spielprozess,
- verstärkt Tim positiv und fördert so seine Aufmerksamkeitsspanne,
- stärkt sein Selbstwertgefühl.

Bedeutung des Beispiels für die Mobbing-Prävention

Je nachdem, wie sich die Erwachsenen hier verhalten, lernt Tim entweder, dass ...

- er die Erwartungen Erwachsener erfüllen soll,
- es seine Aufgabe ist, den Impulsen anderer zu folgen,
- sein Wert an sein Leistungsvermögen gekoppelt ist,
- die Interaktion mit anderen Menschen eine Quelle von Frust sein kann.

Oder er lernt, dass ...

- andere Menschen Interesse an seinen Ideen haben,
- er gut ist, wie er ist,
- die Interaktion mit anderen Menschen eine Quelle von Freude ist,
- er um seiner selbst willen gemocht wird, sein Selbstwert also nicht an sein Leistungsvermögen gekoppelt ist.

Machen wir uns in diesem Zusammenhang noch einmal bewusst, dass Mobbingtäter*innen ...

- das Wertsystem innerhalb der Gruppe vorgeben,
- andere Kinder dazu bringen, ihren Impulsen zu folgen,
- die Leistung anderer Kinder herabsetzen,
- Beziehungen und der Interaktion mit anderen Menschen ambivalent gegenüberstehen oder diese sogar als Quelle von negativen Gefühlen betrachten.

Es zeigt sich, dass Sie als Erzieher*in in vielen alltäglichen Situationen die Chance haben, unterstützend zu agieren, um die inneren Glaubenssätze möglicher Täter*innen und Ermöglicher*innen zu beeinflussen.

Adaptive Bewältigungskompetenz stärken

Die fünfjährige Samanta beobachtet das Verhalten eines Kindes ihrer Gruppe, das sie als unsozial einstuft. Nach einigem Zögern wendet sie sich an die Erzieher*innen.

Reaktion 1: „Der Sam ärgert", sagt Samanta. „Der schubst den Johannes immer." „So sind Jungs manchmal", antwortet Erzieherin Renate, „lass die mal, die kriegen sich schon wieder ein. Und außerdem wollen wir hier ja nicht petzen, oder?"

Erzieherin Renate ...

- bewertet die Situation, ohne Samanta die Chance für eine Erklärung zu geben,
- vermittelt Samanta, dass sie sich nicht einmischen soll, und verurteilt Samantas Hilfegesuch sofort als Petzen,
- beschämt Samanta für ihren Versuch, zu helfen, und schwächt dadurch ihr Selbstwertgefühl.

Welche Reaktion wäre im Sinne der Prävention von Mobbing günstiger?

Reaktion 2: „Der Sam ärgert", sagt Samanta. „Der schubst den Johannes immer." „Du erzählst mir das, weil das kein normaler Streit ist, oder?", fragt Erzieherin Astrid. Samanta nickt. „Die streiten gar nicht. Der Sam wartet immer, bis keiner guckt, und dann schleicht er sich von hinten an den Johannes ran und schubst den ganz feste." „Und Johannes, was macht der?", fragt Astrid nach. „Der erschreckt sich dann und versucht, nicht zu weinen. Der traut sich nicht, sich gegen den Sam zu wehren." „Ich danke dir, dass du mir das gesagt hast", sagt Astrid. „Ich habe das nicht bemerkt, aber jetzt kann ich mich kümmern und Sam fragen, was da los ist mit den beiden. Ich finde ganz toll, dass du Johannes helfen möchtest. Wir werden später im Stuhlkreis noch mal alle gemeinsam darüber reden."

Erzieherin Astrid ...

- unterstellt Samanta nicht die Absicht, zu petzen, sondern unterstützt sie dabei, zu erklären, was sie problematisch findet,
- verstärkt das gezeigte Verhalten positiv und stärkt so sowohl die Selbstwirksamkeitserwartung also auch die adaptive Bewältigungskompetenz und die Sozialkompetenzen im Allgemeinen,
- stärkt das Selbstwertgefühl, indem sie sich bedankt,
- übernimmt Verantwortung,
- formuliert die Absicht, das Wir-Gefühl zu stärken.

Bedeutung des Beispiels für die Mobbing-Prävention

Je nachdem, wie sich die Erwachsenen verhalten, lernt Samanta entweder, dass ...

- sie verurteilt werden kann, sobald sie sich äußert,
- ihre Meinung nicht gehört wird,
- Erwachsene nicht immer Unterstützung anbieten,
- Erwachsene es manchmal vorziehen, nicht so genau hinzuschauen,
- es nicht unterbunden wird, wenn jemand ärgert.

Oder sie lernt, dass ...

- andere Menschen sich dafür interessieren, was sie zu sagen hat,
- andere Menschen ihr vertrauen und ihre guten Absichten erkennen,

- ihr Unterstützung gewährt wird, wenn sie darum bittet,
- sie einen Beitrag leisten kann, damit es allen gut geht,
- jemand anderen in einer solchen Weise zu ärgern, nicht toleriert wird.

Machen wir uns in diesem Zusammenhang noch einmal bewusst, das Mobbing nur dann entstehen kann, wenn ...

- die verantwortlichen Erwachsenen wegschauen und ihrer Verantwortung nicht gerecht werden,
- mögliche Verteidiger*innen keine verantwortungsbewussten Ansprechpartner*innen haben,
- die große Gruppe der Ermöglicher*innen über keine adaptive Bewältigungskompetenz verfügt.

Es wird deutlich, dass Sie als Erzieher*in genau die Kinder stärken müssen, die den Mut haben, unsoziales Verhalten nicht hinzunehmen. Sie sollten dies zum Anlass nehmen, Verantwortung zu übernehmen und das Wir-Gefühl zu stärken.

Erholung und Möglichkeiten zur Verarbeitung

Der dreijährige Hassan hat nach dem gemeinsamen Turnen in der Turnhalle eine halbe Stunde lang konzentriert mit den Bauklötzen gebaut. Nun liegt er in den Kissen der Kuschelecke und beobachtet schweigend ein Mobile, das sich langsam dreht.

Reaktion 1: „Was ist denn mit dir los?“, fragt Erzieherin Franka verwundert. „Ist dir etwas langweilig? Willst du nicht lieber mit Jona spielen, als hier nur faul herumzuliegen?“

Erzieherin Franka ...

- bewertet die Situation, ohne auf Hassans Antwort zu warten,
- verwechselt Hassans Bedürfnis nach Ruhe und Erholung mit Langeweile,
- vermittelt Hassan entgegen seinem eigenen Gefühl, dass etwas mit ihm nicht stimmt, und stört damit seinen inneren Kompass und sein Selbstwertgefühl,
- vermittelt, dass eine Pause zu machen, gleichbedeutend mit „faul sein“ ist.

Welche Reaktion wäre im Sinne der Prävention von Mobbing günstiger?

Reaktion 2: „Du brauchst eine Pause, oder Hassan?“, fragt Erzieherin Heidi. Hassan nickt. „Das kann ich gut verstehen“, sagt Heidi, „so, wie du hier heute schon getobt und gespielt hast! Ich sag den anderen, dass sie dich gerade mal nicht stören sollen.“

Erzieherin Heidi …

- wartet die Bestätigung ihrer Vermutung ab,
- bestärkt Hassan in seinem Bedürfnis und legitimiert das Bedürfnis nach Ruhe, indem sie Hassans Rückzugsraum schützt. Damit stärkt sie seinen inneren Kompass und sein Selbstwertgefühl.

Bedeutung des Beispiels für die Mobbing-Prävention

Je nachdem, wie sich die verantwortlichen Erwachsenen in dieser Situation verhalten, lernt Hassan entweder, dass …

- andere Menschen vorschnell bewerten,
- seine Bedürfnisse und Gefühle seltsam oder nicht legitim sind,
- er andere Menschen irritiert, wenn er sich authentisch zeigt (was zu Selbstunsicherheit führt).

Oder er lernt, dass …

- Erwachsene hören wollen, was er zu sagen hat, und interessiert daran sind, wie es ihm geht,
- er sich auf seinen inneren Kompass verlassen kann,
- er Zuspruch bekommt, wenn er sich authentisch verhält.

Machen wir uns in diesem Zusammenhang noch einmal bewusst, dass …

- Verschleierung von Selbstunsicherheit ein zentrales Motiv von Mobbingtäter*innen ist und
- Ermöglicher*innen nur dann die Unterstützung von Erwachsenen einfordern, wenn sie das Gefühl haben, gehört zu werden.

Auch in solchen scheinbar harmlosen Situationen steckt viel Potenzial zur Prävention von Mobbing.

Schutz vor Überforderung

In der Turnhalle steht die vierjährige Lotte in einer Ecke. Es läuft ein Mitmach-Hörspiel über eine Piratenbande, die einen Schatz finden möchte.

Reaktion 1: „Komm schon, Lotte“, ruft Erzieher Furkan, „mach auch mit! Wir entern das Schiff!“ Lotte schüttelt den Kopf. „Ach Lotte, sei keine Spielverderberin. Du brauchst keine Angst zu haben. Alle machen mit, nur du nicht!“ Zögerlich und mit Tränen in den Augen nähert sich Lotte den anderen. „Siehst du“, sagt Furkan, „war doch gar nicht so schwer, oder?“

Erzieher Furkan ...
- übersieht, dass Lotte in emotionaler Not ist,
- versucht, Lotte durch seine flapsige Art zu animieren, setzt sie aber dadurch unter Druck,
- stört ihren inneren Kompass,
- beschämt Lotte, indem er sie mit den anderen vergleicht und eine abwertende Sprache benutzt,
- vermittelt, dass Lotte nur dazu zugehört, wenn sie mitmacht.

Welche Reaktion wäre also im Sinne der Prävention von Mobbing günstiger?

Reaktion 2: „Ist dir das Hörspiel zu gruselig?", fragt Erzieher Lukas. Lotte zuckt unsicher mit den Schultern. Erzieher Lukas nickt verständnisvoll. „Ich verstehe. Willst du mit mir gemeinsam mitmachen, hilft das vielleicht?" Lotte schüttelt den Kopf. „O.k.", sagt Lukas, „nächstes Mal suche ich ein Hörspiel aus, das dir keine Angst macht, o.k.? Vielleicht willst du dann jetzt lieber in den Gruppenraum gehen und dir ein Buch anschauen oder Claudia beim Aufräumen helfen?" Lotte nickt dankbar und läuft aus der Turnhalle.

Erzieher Lukas ...
- erkennt Lottes emotionale Not und geht adäquat darauf ein,
- bietet Hilfe auf der Beziehungsebene an,
- akzeptiert Lottes Grenze und bietet einen zweiten Ausweg an,
- übernimmt die Verantwortung und stellt eine Lösung für die Zukunft in Aussicht.

Bedeutung des Beispiels für die Mobbing-Prävention

Je nachdem, wie sich die verantwortlichen Erwachsenen in dieser Situation verhalten, lernt Lotte entweder, dass ...
- ihr innerer Kompass scheinbar gestört ist,
- sie bei der Wahrung ihrer Integrität keine Unterstützung erfährt,
- sie keinen Schutz vor Überforderung erfährt,
- sie lächerlich gemacht oder beschämt wird, wenn sie sich authentisch zeigt,
- sie ihre Grenzen überschreiten muss, wenn sie dazugehören will.

Oder sie lernt, dass ...
- ihr innerer Kompass funktioniert,
- sie ihre Grenzen wahren bzw. sich vor Überforderung schützen kann/darf/soll,
- sie Vertrauen in die Unterstützung von Erwachsenen setzen kann,
- es legitim bzw. wünschenswert ist, sich abzugrenzen,
- sie nicht „mitmachen" muss, um dazuzugehören.

Machen wir uns in diesem Zusammenhang noch einmal bewusst, dass Mobbing nur dann entstehen kann, wenn ...

- Mobbingtäter*innen (und Ermöglicher*innen) Probleme in der Selbstwahrnehmung haben,
- Kinder im Mobbingprozess die eigenen Grenzen sowie die Grenzen anderer Kinder nicht achten bzw. überschreiten,
- Kinder im Mobbingprozess andere Kinder lächerlich machen und beschämen,
- in Mobbingprozesse involvierte Kinder einen gestörten inneren Kompass haben,
- Mobbingtäter*innen oftmals Schwierigkeiten in der Emotionsregulation haben (infolge mangelnder Unterstützung durch die erwachsenen Bezugspersonen),
- vor allem Ermöglicher*innen ihre eigenen Grenzen überschreiten, um dazuzugehören,
- Erwachsene den Mobbingprozess oftmals unbewusst anfachen und ihrer Verantwortung nicht gerecht werden,
- Mobbingtäter*innen den Druck weitergeben, den sie selbst erleben.

Oft sind es auf den ersten Blick unscheinbare Situationen, die es für Sie als Erzieher*in zu reflektieren gilt.

Fokus verändern – Reframing in Richtung Gemeinsamkeiten

Die beiden Vierjährigen Jan und Ahmad sind beste Freunde. Jan spielt seit Neuestem in einem Fußballverein, doch Ahmad spielt nicht gerne Fußball. Jan kommt zu Erzieherin Betsy und beschwert sich. „Mit Ahmad kann man gar nicht mehr spielen, das ist voll blöd!"

Reaktion 1: „So ist das eben, Jan", sagt Betsy, „manchmal hat man unterschiedliche Interessen. Lass Ahmad mal in Ruhe und such dir jemand anderen zum Spielen."
Jan läuft zu Sonja und spielt mit ihr Fußball.

Erzieherin Betsy ...

- legt den Fokus auf die Unterschiede,
- vermittelt Jan, dass Unterschiede zu groß sein können, um befreundet sein zu können,
- rät Jan, sich wegen des als groß erlebten Unterschieds von Ahmad abzugrenzen.

Welche Reaktion wäre also im Sinne der Prävention von Mobbing günstiger?

Reaktion 2: „Ahmad spielt nicht gerne Fußball, kann das sein?", fragt Betsy. Jan nickt. „Aber du spielst gerade ganz besonders gerne Fußball, oder?" Wieder nickt Jan.

„Mit Ahmad kannst du immer noch klettern und mit Lego bauen und Papierflieger basteln und Fangen spielen und Piratenbande und Höhlenforscher ... So wie immer, oder?“ Jan überlegt kurz und nickt dann wieder. „Dann spiele ich eben mit Sonja Fußball. Und mit Ahmad baue ich gleich was.“ Erzieherin Betsy lächelt Jan zu und nickt.

Erzieherin Betsy ...
- erinnert Jan an seine Freundschaft mit Ahmad und all die gemeinsamen Erlebnisse,
- legt ihren Fokus also auf die Gemeinsamkeiten,
- stellt die Freundschaft trotz des (als groß erlebten) Unterschieds nicht infrage,
- baut eine Brücke, um allen Bedürfnissen gerecht zu werden.

Bedeutung des Beispiels für die Mobbing-Prävention

Je nachdem, wie sich die verantwortlichen Erwachsenen in dieser Situation verhalten, lernt Jan, dass eine Abgrenzung Sinn macht, wenn Unterschiede zu groß werden.

Oder Jan lernt, dass ...
- Unterschiede kein Hinderungsgrund für Freundschaften sind,
- es immer verbindende Gemeinsamkeiten gibt,
- es immer Kompromisse zu finden gilt.

Machen wir uns in diesem Zusammenhang noch einmal bewusst, das Mobbing oft dann entsteht, wenn der Fokus auf vermeintliche Unterschiede zu Ausgrenzung führt. Solche Situationen gilt es für Sie als Erzieher*in immer wieder zu reflektieren.

Doppelbotschaften vermeiden

Erzieherin Anke ist gestresst. Seit Tagen fehlt ihr Kollege Marc krankheitsbedingt und auch die Auszubildende Sophia hat sich heute Morgen krankgemeldet. Anke möchte in Ruhe die Tische abwischen, doch die vierjährige Emine weicht ihr nicht von der Seite. „Machst du jetzt ein Puzzle mit mir?“, fragt sie nun schon zum dritten Mal.

Reaktion 1: „Ja, o.k., von mir aus“, sagt Anke und reibt sich seufzend durchs Gesicht. Mit einem erneuten Seufzer schiebt sie Emine zum Puzzleregal.
Erzieherin Anke sendet eine verwirrende Doppelbotschaft: Sie sagt „Ja“ und vermittelt nonverbal „Nein“.

Welche Reaktion wäre im Sinne der Prävention von Mobbing günstiger?

Reaktion 2: „Gerade geht das nicht, Emine. Schau mal, ich bin ja allein hier bei euch, weil Marc und Sophia nicht da sind. Ein Puzzle können wir gerne nachher zusammen machen, wenn Nadine aus der blauen Gruppe zu uns hochkommt und nach den anderen Kindern schauen kann, o. k.?" Emine nickt, bleibt aber bei Anke stehen. „Magst du mir helfen, die Tische abzuwischen?", fragt Anke.

Erzieherin Anke ...
- bleibt authentisch und grenzt sich liebevoll ab,
- erklärt, warum sie sich abgrenzt,
- bietet einen Kompromiss an,
- geht auf Emines Bedürfnis hinter dem Wunsch (Nähe, Verbundenheit, Sicherheit) ein und bindet sie in ihre Tätigkeit mit ein.

Bedeutung des Beispiels für die Mobbing-Prävention

Je nachdem, wie sich Anke in dieser Situation verhält, lernt Emine entweder, dass ...
- die Beziehung zu Erwachsenen ambivalente Gefühle auslösen und verunsichern kann,
- sie sich nicht auf ihren inneren Kompass verlassen kann,
- sie eine verletzende Reaktion erhält, wenn sie Wünsche und Bedürfnisse äußert.

Oder Emine lernt, dass ...
- es in Ordnung ist, sich abzugrenzen,
- eine Abgrenzung seitens eines anderen Menschen nichts mit ihr zu tun hat,
- ihre Bedürfnisse ernst genommen werden.

Anmerkung: Doppelbotschaften jedweder Art sind wie schleichendes Gift für die Beziehung zwischen Erwachsenen und Kindern. Sagen Erwachsene etwas anderes, als sie zeigen, so verwirrt dies Kinder auf eine sehr basale Art und Weise und belastet die Gefühle von Verbundenheit und Wertschätzung gravierend. Doppelbotschaften stören die Selbstwahrnehmung und den inneren Kompass eines Kindes sowie seine sozialen Beziehungen.

Machen wir uns in diesem Zusammenhang noch einmal bewusst, wie wichtig Bindung, eine ausgeprägte Selbstwahrnehmung und ein funktionierender innerer Kompass für die gesunde sozial-emotionale Entwicklung sind, so wird deutlich, dass das Vermeiden von Doppelbotschaften in der Mobbing-Prävention eine bedeutsame Rolle spielt.

Handlungsleitfaden zur Emotionsregulation

Die vorangestellten Beispiele haben eines gemeinsam: sie zeigen, wie unterschiedlich Kinder ihre Bedürfnisse und Gefühle ausdrücken - und wie unterschiedlich wir Erwachsenen darauf reagieren. Erinnern wir uns an dieser Stelle noch einmal: Das Verhalten ist nur die Ausdrucksform, das dahinterliegende unerfüllte Bedürfnis die Ursache. Immer dann, wenn ein Kind vehement Ihre Aufmerksamkeit einfordert, wenn es seinen Frust durch unsoziales Verhalten auslebt, wenn es einen Wutanfall bekommt oder undifferenziert zu schreien beginnt - immer dann braucht es Ihr Verständnis und Ihre Bereitschaft zur Co-Regulation seiner Emotionen. Es ist daher die Aufgabe der verantwortlichen Erwachsenen, die Botschaft hinter dem Verhalten zu entschlüsseln. Was braucht das Kind eigentlich? Was über- oder unterfordert es? Welche Bedürfnisse bleiben bei diesem Kind unerfüllt?

In diesen Fällen empfehlen sich die folgenden Handlungsschritte, um das betreffende Kind optimal in seiner sozial-emotionalen Entwicklung zu unterstützen und Mobbing als Ventil unnötig zu machen.

Sie als verantwortliche Erzieher*in müssen sich bewusst machen, dass Kinder in solchen Situationen in emotionale Not geraten. Ihre persönliche Bewertung der Situation spielt dabei keine Rolle! Sie können durchaus der Auffassung sein, dass, objektiv betrachtet, nichts Schlimmes passiert ist. Ausschlaggebend ist aber die rein subjektive Wahrnehmung der Kinder in diesen Momenten. An dieser Stelle ist es hilfreich, zu wissen, dass selbst Kinder im Vorschulalter in Momenten intensiv erlebter Gefühle wie Wut oder Trauer nicht manipulieren können. Für Sie als Erzieher*in heißt das: Emotional überforderte Kinder wollen Sie weder provozieren noch ist ihr Verhalten berechnend, sie brauchen schlicht und ergreifend Ihre Hilfe.

1. Beobachtung in Aussageform mitteilen, das Gefühl benennen

- *„Ich sehe, dass du sehr wütend bist.“*
- *„Du bist gerade sehr frustriert/wütend/traurig.“*

2. Schutz und Sicherheit auf der Beziehungsebene anbieten

- *„Ich bin bei dir.“*
- *„Ich bleibe bei dir, bis es dir besser geht.“*
- *„Bei mir bist du sicher, bis die Wut vorbei ist.“*

3. Verständnis zeigen/das Gefühl legitimieren

- *„Es ist o. k., wenn du wütend/traurig bist.“*
- *„Alle Gefühle gehören zu uns, auch das, was du gerade spürst.“*
- *„Wir alle fühlen uns manchmal so, wie du dich jetzt gerade fühlst.“*
- *„Ich kenne dieses Gefühl gut.“*

4. Den Grund für die Wut benennen

- *„Ich sehe, dass du XY nicht möchtest/wolltest."*
- *„Ich verstehe, dass du XY auch haben möchtest."*
- *„Ich sehe, dass es dir schwerfällt, XY zu akzeptieren/zu verstehen."*

5. Hilfestellung geben

- *„Was brauchst du jetzt von mir?"*
- *„Wie kann ich dir helfen?"*
- *„Was hat dir in einer solchen Situation schon einmal geholfen?"*
- *„Was könnte dir jetzt helfen?"*

Hierbei ist wichtig, dass Sie authentisch bleiben und Ihre eigenen Worte finden bzw. Formulierungen wählen, die für Sie stimmig sind.

Hat das Kind den Wutanfall überstanden, ist es sinnvoll, den Unterschied zwischen dem Gefühl und dem Verhalten zu verdeutlichen. Die Wut als Gefühl ist nachvollziehbar und vollkommen normal und akzeptiert. Wie mit einem Gefühl umgegangen wird, ist jedoch etwas anderes und hier kann in der Regel noch dazugelernt werden. Auch ein sehr kleines Kind ist in der Lage, zu verstehen, dass seine Wut in Ordnung ist, das daraus entstandene Verhalten (z. B. etwas kaputt machen, andere schlagen etc.) jedoch nicht. Gemeinsam mit dem Kind können Sie als Erzieher*in überlegen, was es in einer nächsten vergleichbaren Situation tun könnte.

Mögliche sozial verträgliche Ausdrucksformen von Wut:

- sich im Arm einer Erzieherin oder eines Erziehers verkriechen
- in ein Kissen hauen
- gegen einen Boxsack treten
- in ein Kissen schreien
- mit einem Kuscheltier kuscheln
- laut stampfen
- schaukeln oder Trampolin springen gehen
- frische Luft schnappen
- Wut auf ein Blatt kritzeln/durch Farben ausdrücken
- ein Bilderbuch anschauen
- bewusst atmen
- in den Toberaum/Nebenraum gehen und Bälle oder Sandsäcke werfen
- an einen stillen Ort gehen
- Musik hören (und dazu tanzen)
- …

Beispiel zur Veranschaulichung

Als Luke ein Jahr alt ist, verlässt der Vater die Familie. Weil seine Mutter die Verantwortung für ihn nicht in ausreichendem Maße übernehmen kann, wächst Luke bei der Großmutter auf. Als er drei Jahre alt ist, stirbt die Großmutter, sodass er von nun an wieder bei seiner Mutter lebt.
Diese ist inzwischen schwanger von einem neuen Partner, der zu Luke jedoch keine Beziehung aufbauen kann/will. In der Wohnung ist wenig Platz, sodass Luke im Flur auf einer Matratze schläft, während das neue Baby sein eigenes kleines Zimmer bekommen soll. Weil Luke immer aggressiver wird, kommt er schließlich zu einer Pflegefamilie. Mit Geburt ihres zweiten Kindes bricht die Mutter den Kontakt zu Luke ab.

An dieser Stelle müssen wir uns fragen, wie es wohl um die inneren Konzepte von Luke bestellt ist. Konnte Luke Vertrauen in seine Selbstwirksamkeit entwickeln? Und wie groß ist wohl sein Vertrauen in andere Menschen? Hat er das Gefühl, gehört, gesehen und wertgeschätzt zu werden und auf sein Leben Einfluss nehmen zu können? Hat Luke starke Wurzeln? Kann er unter diesen Umständen überhaupt einen stabilen Stamm der inneren Stärke entwickeln?

Die Antwort: Das kommt ganz darauf an, ob er in dem anderen großen Lernfeld, das sein Leben für ihn bereithält, positivere Erfahrungen machen konnte. Erfahrungen, die einen Ausgleich zu den Erlebnissen im häuslichen Umfeld darstellen! Erfahrungen, die von Verlässlichkeit und Stabilität, von Angenommensein und Wertschätzung, von Zugehörigkeit und Zuneigung geprägt sind. Erfahrungen, die sein Gehirn in Sachen Bindung und Bedürfnisorientierung mit positiver Nahrung füttern.

Fakt ist: Sie als Erzieher*in in Tagespflege, Krippe und Kita sind von immenser Bedeutung für die gesunde sozial-emotionale Entwicklung von Kindern und können im Zweifelsfall der entscheidende Ausgleichsfaktor sein. Und deshalb können Sie als Erzieher*in so besonders viel für die Mobbing-Prävention tun!

Eine Geschichte als Gesprächsanlass nutzen

Die Geschichte **„Mias Wut“** können Sie sowohl als Praxisbeispiel mit anschließender theoretischer Einordnung für sich verwenden als auch mit den Kindern gemeinsam lesen und als Gesprächsanlass nutzen.

(Sie finden diese Geschichte ausschließlich im Download, siehe QR-Code und Hinweis zur Nutzung auf S. 8).

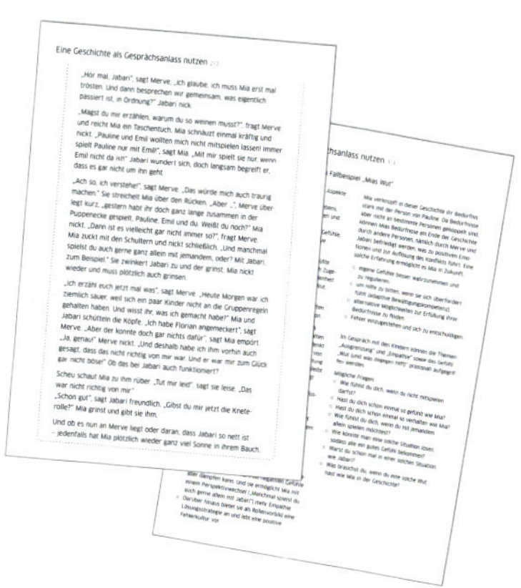
Eine Geschichte als Gesprächsanlass nutzen

„Hör mal, Jabari“, sagt Merve, „ich glaube, ich muss Mia erst mal trösten. Und dann besprechen wir gemeinsam, was eigentlich passiert ist, in Ordnung?“ Jabari nickt.

„Magst du mir erzählen, warum du so weinen musst?“, fragt Merve und reicht Mia ein Taschentuch. Mia schnäuzt einmal kräftig und nickt. „Pauline und Emil wollten mich nicht mitspielen lassen! Immer spielt Pauline nur mit Emil!“, sagt Mia. „Mit mir spielt sie nur, wenn Emil nicht da ist!“ Jabari wundert sich, doch langsam begreift er, dass es gar nicht um ihn geht.

„Ach so, ich verstehe!“, sagt Merve. „Das würde mich auch traurig machen.“ Sie streichelt Mia über den Rücken. „Aber …“, Merve überlegt kurz, „gestern habt ihr doch ganz lange zusammen in der Puppenecke gespielt, Pauline, Emil und du. Weißt du noch?“ Mia nickt. „Dann ist es vielleicht gar nicht immer so?“, fragt Merve. Mia zuckt mit den Schultern und nickt schließlich. „Und manchmal spielst du auch gerne ganz allein mit jemandem, oder? Mit Jabari zum Beispiel.“ Sie zwinkert Jabari zu und der grinst. Mia nickt wieder und muss plötzlich auch grinsen.

„Ich erzähl euch jetzt mal was“, sagt Merve. „Heute Morgen war ich ziemlich sauer, weil sich ein paar Kinder nicht an die Gruppenregeln gehalten haben. Und wisst ihr, was ich gemacht habe?“ Mia und Jabari schütteln die Köpfe. „Ich habe Florian angemeckert“, sagt Merve. „Aber der konnte doch gar nichts dafür“, sagt Mia empört. „Ja, genau!“ Merve nickt. „Und deshalb habe ich ihm vorhin auch gesagt, dass das nicht richtig von mir war. Und er war mir zum Glück gar nicht böse!“ Ob das bei Jabari auch funktioniert?

Scheu schaut Mia zu ihm rüber. „Tut mir leid“, sagt sie leise. „Das war nicht richtig von mir.“

„Schon gut“, sagt Jabari freundlich. „Gibst du mir jetzt die Knetrolle?“ Mia grinst und gibt sie ihm.

Und ob es nun an Merve liegt oder daran, dass Jabari so nett ist – jedenfalls hat Mia plötzlich wieder ganz viel Sonne in ihrem Bauch.

Selbstreflexion

Unterstützung bei der kindlichen Emotionsregulation

Fragen an mich selbst	ja	nein
Fällt es mir schwer, intensive negative Gefühle bzw. Gefühlsausbrüche der Kinder auszuhalten?		
Werde ich selbst schnell emotional, wenn ich bei anderen Menschen intensive Gefühle wahrnehme?		
Glaube ich manchmal, dass ein Kind einen Wutausbruch hat, um mich zu erpressen bzw. seine Ziele zu erreichen? Unterstelle ich Kindern Berechnung?		
Ertappe ich mich dabei, wie ich den Schmerz, den Kummer oder die Wut der Kinder kleinzureden oder zu negieren versuche?		
Begleite ich Kinder mit Gefühlsausbrüchen? Bleibe ich bei ihnen?		
Schicke ich Kinder mit emotionalen Ausbrüchen weg, damit sie sich beruhigen sollen?		
Erwarte ich von den Kindern, dass sie sich allein regulieren und erst dann wieder kommen, wenn sie sich wieder „kompatibel" verhalten?		
Bewerte ich das gezeigte Verhalten als unerwünscht oder inakzeptabel?		
Helfe ich bei der Kommunikation zwischen den Hirnzentren, indem ich die Situation erkläre, sortiere, aufarbeite?		
Spiegle und benenne ich das gezeigte Gefühl?		
Tröste ich durch Worte, Tonfall, Mimik, Gestik und (falls vom Kind erwünscht) mit Körperkontakt?		
Zeige ich Verständnis?		
Vermittle ich dem Kind, dass ich es auch mit diesen Gefühlsäußerungen annehme und wertschätze?		
Suche ich mit dem Kind gemeinsam nach Möglichkeiten, die Wut abzukühlen?		
Kann ich Trauer gemeinsam mit dem Kind aushalten?		
Suche ich nach dem unerfüllten Bedürfnis hinter dem Gefühlsausbruch?		

Fallbeispiele für (beginnendes) Mobbing in der Kita

Kinder in U3-Gruppen sind aufgrund ihrer Entwicklungsreife noch nicht zu Mobbing in der Lage. Sie handeln ausschließlich impulsgesteuert und ich-zentriert. Kindern in diesem Entwicklungsstadium fehlt das dem Mobbing zugrunde liegende strategische Handeln sowie die Schädigungsabsicht. Dennoch können natürlich auch schon dreijährige Kinder zu ungünstigen Strategien, wie Ärgern, Ausgrenzen und Übergriffigkeiten (Schubsen, Treten und Beißen), greifen, deren Ursache es zu finden gilt. Zur Erinnerung: Jedem problematischen Verhalten liegt ein unerfülltes Bedürfnis zugrunde!

Hier sind Sie als Entwicklungsbegleiter*innen gefragt. Je älter die Kinder werden, umso mehr ist Ihr Feingefühl gefragt, um zu unterscheiden, ob es sich um Konflikte handelt, die die Kinder ohne oder auch mit Ihrer Hilfe selbstverantwortlich lösen können, oder ob es sich um unsoziales Verhalten mit eindeutigem Machtgefälle handelt und Ihr konsequentes Eingreifen erforderlich ist.

Wichtig: Mit zunehmendem Alter der Kinder steigt auch die Wahrscheinlichkeit, dass es fließende Übergänge zu Mobbing gibt. Vor allem in der Gruppe der Vorschulkinder sollten Sie als Erzieher*in deshalb sehr genau hinschauen und gegebenenfalls adäquat reagieren.

Im folgenden Unterkapitel wird daher anhand von Beispielen gezeigt, in welchen Situationen ein Agieren im Sinne einer Frühintervention gegen Mobbing gefragt ist.

Ausgrenzen

Seit einigen Tagen bestimmt der sechsjährige Malte auf dem Außengelände, wer jeweils in seine Piratenbande darf und wer nicht. Hat Malte seine Bande zusammengestellt, so entwickelt sich innerhalb der ausgewählten Gruppe eine Dynamik der Zusammengehörigkeit und die Kinder spielen intensiv und ausdauernd miteinander. Aus diesem Grund tut sich Erzieherin Merve zunächst schwer, die Situation aufzulösen. Dennoch beobachtet sie das Geschehen mit gemischten Gefühlen und ihr fällt zunehmend auf, dass die nicht aufgenommenen Kinder unter dem Ausschluss leiden – besonders diejenigen, die schon einmal mitmachen durften und nun nicht mehr dabei sein sollen. Sie hat den Verdacht, dass Malte besonders die Kinder ablehnt, die ihn explizit um eine Wiederaufnahme in die Bande bitten.

Das Thema „Ausgrenzen“ ist im Kita-Alltag sehr häufig zu finden. Manchmal zeigen Kinder dieses Verhalten deshalb, weil sie den „Flow“ einer besonderen Spielsituation schützen wollen. An dieser Stelle können häufig – mit einer guten Portion Verständnis

– Kompromisse gefunden werden, mit denen alle Beteiligten gut leben können. Ein weiterer Grund für die Ausgrenzung ist der Wunsch nach Festigung von Freundschaften durch die Abgrenzung nach außen. Da dieses Motiv im Mobbingprozess eine zentrale Rolle spielt, sollte hier klärend eingegriffen werden. Darüber hinaus sollte immer dann konsequent gehandelt werden, wenn Kinder nur deshalb ausgrenzen, weil sie es können. Oder anders ausgedrückt: wenn sie ihr Standing in der Gruppe ausnutzen, um diese Form der Macht auszuüben und „Gunst zu gewähren oder zu verweigern". In solchen Fällen haben wir es eindeutig mit einer unsozialen Form der Selbstwerterhöhung und beginnendem Mobbing zu tun.

Dinge wegnehmen

Schon zum vierten Mal in dieser Woche beschwert sich die fünfjährige Annika bei Erzieherin Jaqueline darüber, dass ihr etwas fehlt. Erst war es das Freunde-Buch, das in ihrem Fach gelegen hatte, dann ihre Hausschuhe, die sie ganz sicher an ihren Platz gelegt hatte, und das Bild, das sie gestern an die Pinnwand gehängt hatte. Und jetzt ihre Frühstücksdose, die sie wie jeden Morgen aus ihrer Kita-Tasche holen wollte. Zunächst denkt Jaqueline noch, dass Annika ihr Freunde-Buch vielleicht zu Hause vergessen und das Bild gar nicht aufgehängt hat, doch nun wird sie misstrauisch.

In jeder Kindergartengruppe gibt es Kinder, die es „faustdick hinter den Ohren" haben. Sie denken sich den allergrößten Unsinn aus und können es ohne Probleme mit Lasse aus Bullerbü oder Michel aus Lönneberga aufnehmen. Das Verstecken von Hausschuhen ist für sie ein Streich, dessen Auflösung Teil des Plans ist. Solange es mal die Schuhe von Lisa und mal die Schuhe von Murat sind und alle Kinder darüber lachen können, ist gegen dieses Spielchen auch nichts einzuwenden. Geht es aber darum, die Macht zu haben, andere Kinder verunsichern und bloßstellen zu können, so haben wir es nicht mit Streichen, sondern mit einem Vorläufer von Mobbing zu tun.

Wiederkehrendes Ärgern und/oder Beschuldigen

Zufällig beobachtet Erzieherin Elena, wie Emilia Shiyan im Vorbeigehen etwas zuraunt, worauf Shiyan sichtlich erschrickt. Einige Stunden später bemerkt Elena erneut eine Situation: Emilia versperrt Shiyan so lange den Weg zur Toilette, bis diese einnässt und zu weinen beginnt.

Kinder, die durch ein solches Verhalten ein Gefühl von Selbstwirksamkeit aufzubauen versuchen und ihre Sicherheit aus Machtausübung ziehen, bedürfen besonderer Aufmerksamkeit. Einem anderen Kind die Erniedrigung des In-die-Hose-Machens zuzufügen, ist im Kindergartenalltag höchst bedenklich und sollte sofort in den Fokus der pädagogischen Arbeit gerückt werden.

Hänseln

Der in der Gruppe äußerst beliebte Sammy gerät beim Spielen auf dem Außengelände oder in der Turnhalle schnell außer Atem. Seit einigen Tagen bemerkt Erzieher Markus, dass ein paar Jungen gehässige Kommentare zu Sammys Unsportlichkeit und Gewicht abgeben und dass Sammy sich dagegen nicht wehrt.

Ein äußeres Merkmal eines Menschen herauszusuchen, dieses mit einer Schwäche gleichzusetzen und den Menschen gezielt mit dieser vermeintlichen Schwäche zu konfrontieren oder gar zu demütigen, sind klassische Strategien von Mobbingtäter*innen. Lernen Kinder im Kindergartenalter, dass diese Strategie den gewünschten Effekt hat (beispielsweise Selbstwerterhöhung durch Anerkennung in der Gruppe), so werden sie dieses Vorgehen im Schulalter gezielt einsetzen.

Körperliche Übergriffe

Erzieher Horst wird von ein paar Kindern darauf hingewiesen, dass John einen Kühlakku braucht. Auf Nachfrage, was denn passiert sei, möchte John aber keine Auskunft geben und auch die anderen Kinder drucksen zunächst herum. Horst bittet die Kinder daraufhin um Hilfe, damit er verstehen kann, was passiert ist. „Johanna hat ihn wieder geschubst", sagt Aylin leise. „Wieder?", fragt Horst und einige der Kinder nicken unsicher. „Das macht sie ganz oft", sagt ein anderes Mädchen. „Irgendwie sucht sie sich immer den John aus", ergänzt ein Junge. „Der John kriegt immer alles ab."

Auch in diesem Beispiel geht es natürlich zunächst um das Verhalten des unsozial agierenden Kindes. Immer dann, wenn ein solches einseitiges Machtgefälle vorliegt und es zu Übergriffen kommt (verbal oder körperlich), ist das sofortige Eingreifen notwendig! Doch auch die Gruppe der Mitwisser*innen ist hier interessant. Warum haben alle zunächst Stillschweigen gewahrt, obwohl die Situation so offensichtlich für sie war? Hier ist auch das Wir-Gefühl der Gruppe ein zentrales Thema.

Tuscheln

Seit einigen Tagen schon beobachten die Erzieherinnen Carmen und Petra, wie eine Gruppe von Mädchen tuschelnd über das Außengelände läuft. Bislang konnten sie nicht herausfinden, worum es geht, doch immer häufiger bekommen sie das Gefühl, dass dieses Verhalten etwas mit Olga zu tun hat, einem Mädchen, das nach der Flucht aus der Ukraine erst seit ein paar Wochen zur Gruppe gehört. Immer dann, wenn Olga den Mädchen den Rücken zukehrt, beginnt das Kichern, immer wenn sie zu ihnen hinschaut, schweigen die Mädchen.

Auch hier spielt das Wir-Gefühl eine große Rolle. Wird Olga als Eindringling empfunden? Wieso kann sie nicht offen und zugewandt in die Gruppe aufgenommen werden? Und weshalb hat es eine Gruppe von Kindern nötig, ein ohnehin schon stark benachteiligtes Kind (ein Kind auf der Flucht vor Krieg) auf diese Weise auszugrenzen? Hier stellt sich einmal mehr die Frage nach den unbefriedigten Bedürfnissen, die diesem Verhalten zugrunde liegen.
Darüber hinaus bietet sich ein Projekt zum Thema „Krieg und Flucht“ an. Die Beschäftigung mit den Kinderrechten und den Gefühlen, die eine Verletzung dieser Rechte auslöst, wäre ebenfalls empfehlenswert.

Gerüchte verbreiten

Erzieherin Silke räumt in der Puppenecke auf. Da hört sie plötzlich Liv und Mary tuscheln. „Weißt du was? Der Ahmad hat noch ne Windel“, sagt Liv und macht ein angewidertes Geräusch. „Der macht sein Kaka da rein.“ „Bäh, so ein Baby!“, flüstert Mary und kichert. „Das erzähl ich Fabian und Hatice ...“ Ganz davon abgesehen, dass Silke das Verhalten der Kinder inakzeptabel findet, weiß sie, dass dieses Gerücht frei erfunden ist.

Das Verbreiten von Gerüchten ist eine Strategie, die darauf abzielt, den Zusammenhalt einer Kleingruppe zu festigen, indem ein anderes Mitglied von der Gemeinschaft ausgeschlossen oder bloßgestellt wird. Dieses Motiv ist bei Mobbing häufig zu finden und sollte daher konsequent unterbunden werden – so früh wie möglich!

Erpressen

Die Mädchen Antonia und Ebra sind seit Beginn der Kindergartenzeit befreundet. In letzter Zeit beobachtet Erzieherin Denise allerdings immer wieder Streitigkeiten zwischen den beiden, die damit enden, dass Ebra Antonia zu erpressen versucht. Sie hört Sätze wie: „Wenn ich nicht die Mutter spielen darf, dann lade ich dich nicht zu meinem Geburtstag ein." Oder: „Du bist nicht mehr meine Freundin, wenn du das machst." Lässt sich Antonia nicht erpressen, so wird sie von Ebra beschimpft: „Du bist so doof und mit Ming spiele ich sowieso viel lieber als mit dir!"

Das Erpressen mit dem Entzug von Freundschaft ist eine Strategie, die wir im Kindergarten sehr häufig finden. Diese Kinder versuchen, ihr Bedürfnis nach Selbstwirksamkeit durch Kontrolle und Dominanz zu erfüllen und erleben Hilflosigkeit und starke Wut, wenn dies nicht gelingt. Lernen sie im Kindergartenalter, dass diese Strategie zum Erfolg führt, so ist der Weg zur Unterdrückung anderer Kinder durch Mobbing nicht weit. Ein konsequentes Agieren ist hier also von großer Bedeutung.

Rassismus

Marvin, ein sechsjähriges Vorschulkind, zeigt immer wieder sehr deutlich seine Abneigung dem vierjährigen Kiano gegenüber. Er weigert sich, neben Kiano zu sitzen oder sich zu entschuldigen, wenn er ihm versehentlich wehgetan hat. Auf Nachfrage von Erzieherin Nicole entgegnet Marvin, er finde Kianos dunkle Haut komisch.

Eine solche Form von Rassismus deutet auf eine Wertevermittlung hin, die nicht geduldet werden darf. Ein Gespräch mit den Erziehungsberechtigten sowie ein konsequentes Vorleben anderer Werte sind hier dringend erforderlich! Tolerieren Kinder Vielfalt nicht, so ist dies ein sehr gefährlicher Nährboden für Mobbing.

Jemanden ignorieren

Seit einigen Tagen beobachten Erzieher Achmed und Erzieherin Saskia, dass Lioba einfach keine Antwort gibt, wenn Magdalena sie etwas fragt. Immer wieder behandelt Lioba Magdalena wie Luft und es wird immer deutlicher, wie sehr sie Magdalena damit verletzt.

Im Gegensatz zu verbalen oder körperlichen Übergriffen ist diese Form des unsozialen Verhaltens eher passiv. Weniger verletzend ist sie deshalb jedoch nicht. Kinder, die

diese Strategie der passiven Aggressivität einsetzen, um sich machtvoll zu fühlen, setzen diese Verhaltensweisen auch im Schulalter oft ein, was das Auftreten von Mobbing begünstigt.

Jemanden instrumentalisieren

Eigentlich ist Florian ein sozial kompetenter Junge, doch seit Torben in der Gruppe ist, erkennt Erzieherin Sabine ihn kaum wieder. Immer wieder verhält sich Florian plötzlich gemein zu anderen Kindern und will nur noch mit Torben spielen. Gestern hat er z. B. absichtlich den Turm von Lina umgeworfen und danach mit Torben abgeklatscht. Und gerade eben hat er Lina ein Bein gestellt, weil Torben ihm gesagt hat, Lina sei eine Heulsuse.

Hier scheint zunächst Florian im Fokus zu stehen. Warum verhält er sich plötzlich so anders als sonst? Und welches unbefriedigte Bedürfnis liegt seinem unsozialen Verhalten zugrunde? Diese Fragen sind natürlich grundsätzlich richtig. Dennoch ist in solchen Fällen auch die Dynamik der Konstellation, in diesem Fall mit Torben, zu beleuchten. Warum instrumentalisiert Torben Florian und für welche Zwecke? Welche Bedürfnisse sind bei Torben unerfüllt?
Immer dann, wenn Kinder in Ihrer Einrichtung vergleichbare oder ähnliche Verhaltensweisen zeigen wie in diesem Beispiel, ist Ihr Eingreifen von großer Bedeutung.

Beleidigen

Die fünfjährige Svea ist ein sehr impulsives Kind, das lautstark und energisch seine Wünsche äußert und seinem Unmut Luft macht. In letzter Zeit fällt sie besonders dadurch auf, dass sie ein anderes Kind offen beleidigt und auch körperlich übergriffig wird. Sätze wie „Du bist eine hässliche Kuh“ oder „Mit dir will eh niemand spielen“ treten in der Kombination mit Kneifen, Schubsen und Treten auf.

Hier wird eine Mischform verbaler und körperlicher Übergriffigkeiten deutlich, die besonders im Kindergartenalter häufig vorkommt. Wichtig ist hier, zu unterscheiden, ob Svea im Affekt handelt oder ganz gezielt gegen das andere Kind vorgeht.

Mobbing in der Kita begegnen

Die im vorausgegangenen Kapitel beschriebenen Situationen sind Beispiele für (beginnendes) Mobbing. Sollten Sie in Ihrer Einrichtung solche oder ähnliche Situationen beobachten, ist umgehendes Handeln angezeigt. Zum einen heißt es nun, auf Spurensuche zu gehen, also herauszufinden, weshalb es zu Mobbing kommen konnte, und zum anderen, sich klar gegen Mobbing zu positionieren. Als Leitfaden eignen sich hier zwei Vorgehensweisen, die je nach Situation eingesetzt werden können: das gruppenzentrierte Vorgehen sowie die Konfrontation der Täter*innen.

Gruppenzentriertes Vorgehen in Anlehnung an den „No Blame Approach"

Der „No Blame Approach", wörtlich „Ansatz ohne Schuldzuweisungen", verzichtet darauf, Bestrafungen gegenüber den Mobbing-Täter*innen auszusprechen, sondern fokussiert sich ausschließlich auf die Verbesserung der Situation für die Opfer. Vor dem Hintergrund, dass Mobbing immer ein Gruppenphänomen ist, bezieht der No Blame Approach alle Mitglieder der Gruppe mit ein, um gemeinsame Lösungen zu finden. Die Ressourcen der Kinder sowie das Vertrauen in ihre Problemlösekompetenzen stehen hier im Mittelpunkt (vgl. Blum/Beck von fairaend Mediation, Konfliktberatung 2023: No Blame Approach). In einem Youtube-Clip der Akademie für Lerncoaching wird dieser Ansatz anschaulich dargestellt (vgl. Akademie für Lerncoaching 2017: Mobbing in der Schule auflösen: Der No Blame Approach).

Gespräch mit dem Opfer

Hier geht es vor allem darum, folgende Botschaften zu vermitteln:

- Mir ist es wichtig, dass sich alle Kinder in unserer Gruppe wohlfühlen.
- Ich sehe, dass es dir nicht gut geht.
- Ich verstehe den Grund dafür, dass du dich nicht wohlfühlst.
- Ich möchte/ich werde dir helfen.

Das Kind sollte nicht dazu gedrängt werden, über das Erlebte zu sprechen. Wichtig ist jedoch, einen geschützten Raum zu schaffen, in dem dies möglich ist, sobald es gewünscht wird. Die Erzieher*innen erklären dem Opfer die weitere Vorgehensweise, die unter anderem das Zusammenstellen einer Helfergruppe beinhaltet. Das Opfer kann selbst Vorschläge machen, welche Kinder in diese Helfergruppe aufgenommen werden sollen.

Gespräch mit der Gruppe

Die Erzieher*innen erzählen eine Mobbinggeschichte oder besprechen mit den Kindern ein passendes Bilderbuch zum Thema (beispielsweise „Das Alles sind wir“ von Michael Engler oder „Was ist bloß mit Gisbert los“ von Jochen Weeber). Gemeinsam wird noch einmal über die Gruppenregeln gesprochen und die Erzieher*innen machen deutlich, dass solche Vorfälle wie in der erzählten oder angeschauten Geschichte in der Gruppe nicht toleriert werden. In einem nächsten Schritt wird überlegt, was jede*r Einzelne tun kann, damit es dem betreffenden Kind wieder besser geht.

Bildung einer Helfergruppe

Im Anschluss bilden die Erzieher*innen eine Kleingruppe aus vier bis sechs Helferkindern, zu denen auch die Täter*innen oder aktive Ermöglicher*innen gehören. Diese Kinder haben in den folgenden Tagen/Wochen gemeinsam mit den Erzieher*innen die Aufgabe, das Opfer zu stützen und die gesammelten Unterstützungsideen der Gruppe umzusetzen.

Aktion zum Wir-Gefühl

Zur Verbesserung des Gruppenklimas bieten sich zusätzlich eine oder mehrere Aktionen aus der „Wir-Gefühl-Werkstatt“ an. Wird das Gruppenklima positiv gestärkt, so ist die Wahrscheinlichkeit deutlich geringer, dass es erneut zu Mobbing kommt.

Gespräch mit den Eltern des Opfers

Die Eltern des Opfers sollten im Sinne der Erziehungspartnerschaft mit ins Boot geholt und über die Vorgehensweise informiert werden. Gemeinsam mit den Eltern können die Erzieher*innen überlegen, wie das Selbstwertgefühl des Opfers wieder gestärkt werden kann. Eine Verabredung mit den Kindern der Helfergruppe könnte beispielsweise ein Anfang sein.

Anmerkung: Die Eltern des gemobbten Kindes sollten dahin gehend beraten werden, keinen Kontakt zu den Eltern des Täters oder der Täterin aufzunehmen, da dies in den seltensten Fällen zielführend ist. Das Mobbing muss dort aufgearbeitet und unterbunden werden, wo es geschieht, also in diesem Fall in der betreffenden Tageseinrichtung – und nicht im privaten Umfeld zwischen den Elternhäusern.

> ! Auch die Eltern aller anderen Kinder der Gruppe sollten über das Vorgehen informiert werden, denn einige Kinder werden zu Hause von der Situation berichten. Um Missverständnissen und Unsicherheiten entgegenzuwirken, ist ein kurzer Elternbrief Pflicht. Darüber hinaus sind auch Rückmeldungen an die Eltern einzelner anderer Kinder sinnvoll. So sollten beispielsweise die Eltern der Helferkinder über deren Rolle informiert sein.

Gespräch mit den Eltern der Täter*innen

In diesem Gespräch ist es von großer Bedeutung, von Schuldzuweisungen abzusehen und Wertschätzung für das Kind zum Ausdruck zu bringen. Gemeinsam mit den Eltern sollte nun die Verknüpfung von Bedürfnissen, Gefühlen und Verhaltensäußerungen besprochen werden. Dazu gehört die Suche

- nach belastenden Ereignissen in der aktuellen Lebenssituation,
- nach unbefriedigten Bedürfnissen oder ungünstigen Verstärkern des gezeigten Verhaltens in der grundsätzlichen Lebenssituation und
- nach Kompetenzen und Ressourcen.

Je nach Situation kann es auch sinnvoll sein, eine Erziehungsberatungsstelle oder eine Fachkraft aus dem Bereich Familienberatung hinzuzuziehen.

Ihre Aufgabe als Erzieher*in besteht an dieser Stelle darin, den Eltern und dem Kind die Hand zu reichen und den Fokus zuversichtlich auf die positive Veränderung des Verhaltens in der Zukunft zu legen.

Anmerkung: Je nach Alter und Entwicklungsreife ist auch ein Gespräch mit dem*der Täter*in sinnvoll. Hierbei sollte ausschließlich wertschätzend gefragt werden, ob das Kind im Moment besonders traurig, einsam, wütend oder frustriert ist. Vielleicht kann das betreffende Kind selbst erklären, wie es zu seinem Verhalten gekommen ist, vielleicht braucht es jedoch auch die Unterstützung der Erzieher*innen, um seinen Gefühlen und den dahinterliegenden unbefriedigten Bedürfnissen Ausdruck zu verleihen und sein Verhalten zu reflektieren. Von großer Bedeutung ist es hier, Suggestivfragen zu vermeiden! (War es etwa so, dass …? Haben deine Eltern …? Fühlst du dich …?) Offene Fragen sind hier das A und O! Z. B.: „Oft verhält man sich so, wenn es einem selbst nicht gut geht. Ich würde gerne verstehen, was dich wütend oder traurig macht …“

Reflexionsgespräch

Nach ungefähr zwei Wochen wird zunächst beim Opfer und dann in der Helfer- und Großgruppe nachgefragt, ob und wie sich die Situation geändert hat. In vielen Fällen wird das Mobbing kein Thema mehr sein. Hat sich jedoch nichts geändert, so empfehle ich die Konfrontation mit den Täter*innen (s. u.).

Vorteile des Vorgehens nach dem No-Blame-Approach-Ansatz

Diese Methode kommt ohne Schuldzuweisungen und Strafen aus und ist dadurch besonders bei beginnendem Mobbing im Kindergartenalter wirkungsvoll. Häufig sind den Kindern die Auswirkungen ihres Handelns und das Ausmaß der Verletzung nicht bewusst. Vor allem die große Gruppe der Ermöglicher*innen hat in diesem Alter noch kaum Kompetenzen erworben, einem unsozialen Verhalten differenziert zu begegnen. Der No-Blame-Approach-Ansatz kann an dieser Stelle helfen, wichtige Lebenskompetenzen zu fördern und ohne Stigmatisierung zu einer friedvollen Lösung zu finden.

Konfrontation der Täter*innen

Der No-Blame-Approach-Ansatz verzichtet auf Schuldzuweisungen, Bestrafung und Stigmatisierung und führt sehr häufig zu positiven Ergebnissen. In bestimmten Fällen ist jedoch eine andere Vorgehensweise ratsam, z. B. wenn das Verhalten der Täter*innen planvoll und an eine schädigende Absicht geknüpft ist, wenn die Täter*innen keine Einsicht oder Reue zeigen und/oder die Erzieher*innen durch die oben genannte Methode eine Gefahr der Verschlimmerung der Situation sehen. In einem solchen Fall sollten die Täter*innen nicht der Helfergruppe angehören! Darüber hinaus sollte eine Konfrontation der Täter*innen erfolgen und die Erzieher*innen sollten eine sehr deutliche Grenze ziehen.
Wichtig an dieser Stelle: Die Täter*innen sollten nicht unspezifisch bestraft werden, sondern logische Konsequenzen spüren.

Schritt 1
Die Erzieher*innen sprechen die Täter*innen direkt auf ihr Verhalten an und versuchen, sie dafür zu gewinnen, Verantwortung für das Gruppenwohl zu übernehmen: „Nur gemeinsam können wir dafür sorgen, dass es allen Kindern in der Gruppe wieder gut geht. Wir sind eine Gruppe und füreinander verantwortlich. Ich sehe jedoch nicht, wie sich alle Kinder wohlfühlen sollen, wenn du dich so verhältst (konkrete Situation benennen). Ich bitte dich daher um deine Hilfe und hoffe, dass du in Zukunft ein anderes Verhalten zeigen wirst."

Schritt 2
Die Erzieher*innen zeigen den Täter*innen die Konsequenz auf, sollte das Hilfegesuch ungehört bleiben. „Solltest du uns nicht helfen und XY weiterhin ausschließen/treten/ärgern, dann verletzt du unsere Gruppenregeln. Wir werden das nicht akzeptieren. Die Konsequenz wird sein, dass wir dich dann nicht mitnehmen, wenn wir unseren nächsten Ausflug machen/wenn wir aufs Außengelände gehen usw." Die Erzieher*innen lassen sich bestätigen, dass die Täter*innen die Konsequenz verstanden haben.
Anmerkung: Auch in diesem Fall ist ein Gespräch mit den Eltern notwendig. Schlägt Ihnen als Erzieher*in Gegenwehr entgegen, so sollten Sie sich nicht scheuen, die Einrichtungsleitung hinzuzuziehen. Auch den Eltern muss klargemacht werden: Hier liegt eine Grenzüberschreitung vor, die nicht geduldet wird. Das Hinzuziehen einer geeigneten Beratungsstelle sollte angeregt werden.

Die Perspektive der Täter*innen: der Ursache des Mobbings auf die Spur kommen

Hat sich ein Kind der Gruppe unsozial verhalten, so drängt sich die Frage nach dem Warum auf. Um der Ursache des Mobbings auf die Spur zu kommen, empfiehlt sich im Erzieher-Team eine Spurensuche mit folgenden Fragen:

Bedürfnis- und Situationsorientierung

- Welche aktuellen Ereignisse, Erfahrungen und Lebensumstände könnten für das Verhalten verantwortlich sein?
- Welche akuten unbefriedigten Bedürfnisse stecken vermutlich hinter dem unsozialen Verhalten?
- Welche grundsätzlichen Lebensumstände (häusliche Lebenssituation, Beziehungskultur im Elternhaus, Erziehungsstil) könnten für das Verhalten verantwortlich sein?
- Welche langfristig unbefriedigten Bedürfnisse können das gezeigte Verhalten ausgelöst haben?
- Was braucht das Kind aktuell am meisten?
- Bekommt das Kind im Elternhaus und in der Kita genug Möglichkeiten, sich als selbstwirksam und wertvoll zu erleben (z. B. im Freispiel, durch Partizipation und durch feinfühlige Beziehungen)?
- In welchen Situationen im Kita-Alltag wird das Kind unter- oder überfordert?
- Gibt es Rollenvorbilder, die das gezeigte Verhalten (unbewusst) vorleben?

Kompetenzorientierung

- Welche Stärken und Kompetenzen hat das Kind? Wie können diese genutzt werden, um das Kind positiv zu verstärken?

Ressourcenaktivierung

- Welche Ressourcen sozialer, emotionaler, kognitiver, innerpsychischer und materieller Art sind in der Familie, der Kita und anderen Lebens- und Lernfeldern vorhanden oder können für das Kind zeitnah aktiviert werden?

Leitfaden für die kollegiale Beratung und Fallbesprechung bei Mobbingsituationen

Der folgende Leitfaden soll Ihnen als Handwerkszeug für kollegiale Gespräche dienen und Ihnen mehr Klarheit und Sicherheit im Umgang mit Mobbingsituationen vermitteln. Er unterstützt Sie dabei, Ihre Beobachtungen zu verschriftlichen, der Frage nach dem Warum auf die Spur zu kommen, die wichtigsten Aspekte zusammenfassend darzustellen sowie Vorgehensweisen und Ziele zu formulieren.

Vorlage

Kollegiale Beratung und Fallbesprechung 1/5

Name des Kindes:

Gruppe:

Alter:

Datum:

Vorgestellt durch:

Teil I: Das Verhalten des Kindes beschreiben

	ja	nein
Fällt das Kind häufiger dadurch auf, dass es andere Kinder ausschließt?		
Nutzt das Kind sein Standing in der Gruppe aus, um Gunst zu gewähren und zu entziehen?		
Zeigt sich das Kind häufiger körperlich übergriffig gegenüber anderen Kindern? Beißt, schubst, spuckt, schlägt oder tritt es?		
Zeigt sich das Kind häufiger verbal übergriffig?		
Beleidigt oder diskriminiert das Kind andere Kinder?		
Verbreitet ein Kind häufiger Gerüchte über andere Kinder?		
Kommandiert das Kind andere Kinder herum?		
Spricht das Kind Ultimaten aus oder versucht andere Kinder mit „Wenn-dann"-Verbindungen zu erpressen? (Wenn du XY nicht machst, sind wir nicht mehr befreundet! o. Ä.)		
Bestimmt das Kind, was „cool" ist? („XY ist nur was für Babys!" o. Ä.)		
Wird das Kind schnell und/oder sehr wütend, wenn etwas nicht so läuft, wie es geplant war?		
Straft das Kind andere Kinder mit Nichtachtung?		
Zerstört das Kind absichtlich Dinge, die andere Kinder gebaut oder gebastelt haben?		
Lacht das Kind über die Missgeschicke anderer Kinder?		
Instrumentalisiert das Kind andere Kinder?		
Zeigt sich das Kind in anderen Situationen als sehr angepasst und konform zu den Regeln der Erwachsenen?		

Vorlage

Kollegiale Beratung und Fallbesprechung 2/5

Anmerkungen

Teil II: Zu welchen Bedürfnissen passt das gezeigte Verhalten?
Markieren Sie die entsprechenden Begriffe rot.
Was braucht das Kind eigentlich aktuell besonders?
Markieren Sie die entsprechenden Begriffe grün.

Nahrung, Wärme, Schutz, Schlaf

Sicherheit, Angst- und Gewaltfreiheit

Bindung, Zugehörigkeit, Vertrauen, Geborgenheit, liebevolle Zuwendung

Mitgefühl, Trost, Unterstützung (bekommen und geben)

Akzeptanz, Respekt, Verständnis, Nachsicht, Geduld, Ermutigung

Wertschätzung, Selbstwerterhöhung und Selbstwertschutz, Bestätigung

Verlässlichkeit, Kontinuität, Stabilität, Rhythmus, Rituale, Klarheit, Führung, Grenzen

Kontakt, Dialog, Harmonie, Gewaltfreie Kommunikation

Beistand bei intensiven Gefühlen, Unterstützung auf dem Weg zur Selbstregulation, Annahme aller Gefühle

Kontrolle, Orientierung, Autonomie, Selbstbestimmung, Selbstwirksamkeit

Gerechtigkeit und Fairness, Teilhabe, Mitbestimmung, Verantwortung

Wohlbefinden, Unbekümmertheit, Spaß, Leichtigkeit

Zeit zur Verarbeitung, innere Sammlung, Pausen, Ruhe, Staunen, Begreifen, Entspannung, Erholung

Intensität, Lebendigkeit, Bewegung, künstlerischer Ausdruck, Empowerment, Kreativität

Schutz vor Reizüberflutung, sinnliche Erfahrungen (Sensorische Integration)

Verbundenheit mit der Natur, Entdecken und Forschen, Neugierde

Auseinandersetzung, Wettbewerb, Reibung, Konfrontation

In Anlehnung an: Schmitz, Sybille (2018), S. 42 ff.

Vorlage

Kollegiale Beratung und Fallbesprechung 3/5

Teil III: Gibt es in der aktuellen Lebenssituation Veränderungen oder Belastungen, die das Verhalten des Kindes erklären könnten?

Teil IV: Unabhängig von dem unsozialen Verhalten, das den Vorstellungsgrund darstellt: In welchen Situationen verhält sich das Kind auffällig bzw. durch welche Gefühls- oder Verhaltensäußerungen macht das Kind darauf aufmerksam, dass es ihm nicht gut geht/dass ihm etwas fehlt/dass es über- oder unterfordert ist.

Situation	gezeigtes Verhalten

Vorlage

Kollegiale Beratung und Fallbesprechung 4/5

Anmerkungen

Teil V: Welche Ressourcen und Kompetenzen hat das Kind?

Welche Stärken hat das Kind?

Welche dieser Kompetenzen können wir nutzen, um das Kind positiv zu unterstützen?

Was oder wer tut dem Kind gut? Was macht das Kind gerne?

Wer oder was kann helfen? (innerhalb und außerhalb der Einrichtung)

Vorlage

Kollegiale Beratung und Fallbesprechung 5/5

Teil VI: Wie können wir das Kind konkret im Kita-Alltag unterstützen?

Teil VII: Vereinbarung/Zusammenfassung

Schlusswort

Ich weiß nicht, wie es Ihnen geht, aber ich möchte in einer Welt leben, in der Artikel 1 des Grundgesetzes „Die Würde des Menschen ist unantastbar" nicht nur wohlmeinende Absicht, sondern gelebte Selbstverständlichkeit ist. Leider nehmen die Probleme mit dem Phänomen „Mobbing" eher zu als ab und stören diese Vision massiv. Die deshalb etablierten Interventionsprogramme (z. B. der No Blame Approach) unterstützen zwar wirksam bei der Auflösung bereits entstandener Mobbingsituationen, doch im Grunde bekämpfen sie nur die Symptome und nicht die Ursachen. Um Mobbing nachhaltig einzudämmen, müssen wir das Phänomen an der Wurzel packen und viel stärker bei der präventiven Arbeit ansetzen. Das vorliegende Buch zeigt dafür vielfältige Möglichkeiten.

Dazu gehören vor allem:

- die Reflexion der inneren Haltung der erwachsenen Bezugspersonen von Kindern
- eine durch Bedürfnisorientierung geprägte Erziehung bzw. pädagogische Ausrichtung
- die adäquate Unterstützung bei der Emotionsregulation
- eine gewaltfreie Sprache
- die Herstellung eines starken Wir-Gefühls
- eine konsequente, auf Toleranz und Vielfalt ausgerichtete Wertevermittlung (Diversität, Rassismus, Familie, Geschlechtererziehung, Inklusion, Religion usw.)

Die vielen Stellschrauben, an denen wir Erwachsenen drehen können, bieten eine große, bislang längst nicht ausreichend genutzte Chance. Auf den ersten Blick mag dieser Weg anstrengend erscheinen und das ist er mitunter sicherlich auch. Denn er verlangt von uns als Pädagog*innen eine intensive Auseinandersetzung auch mit unseren eigenen Haltungen, Einstellungen und Verhaltensweisen. Doch die Entscheidung für einen bedürfnisorientierten und auf Gleichwürdigkeit basierenden Umgang mit Kindern wird sich auf mehreren Ebenen lohnen. Ihre Beziehung zu den Kindern wird vertrauensvoller werden, die Kinder haben mehr Möglichkeiten, ihre Potenziale selbstbestimmt zu entfalten, und können darüber hinaus mehr Verantwortung für sich und für andere entwickeln. Und so leisten Sie einen Beitrag dafür, dass für zukünftige Generationen eine gesellschaftliche Umgebung geschaffen wird, in der die Würde des Menschen tatsächlich unantastbar bleibt. Und das ist meiner Meinung nach ein sehr ermutigender Gedanke.

Ihre Möglichkeiten zur Einflussnahme sind also groß! Was Sie brauchen, ist Rückendeckung! Zuallererst von den ersten Bezugspersonen der Kinder Ihrer Gruppe, die ebenfalls im Sinne der Mobbing-Prävention handeln sollten. Doch auch Gesellschaft

und Politik sind gleichermaßen gefragt. Eine von Adultismus geprägte innere Haltung Kindern gegenüber ist ein gesamtgesellschaftliches Problem, das im institutionellen Rahmen (z. B. in unserem Schulsystem) auf die Spitze getrieben wird. Was wir benötigen, ist eine Politik (und eine Gesellschaft), die den großen Wert früher Bindungserfahrungen und damit auch die Bedeutung der pädagogischen Arbeit von Erzieher*innen begreift und bessere Rahmenbedingungen in Kitas nicht nur wünschenswert findet, sondern tatsächlich auch schafft – eine Politik, die sich für ein längst überfälliges, wertschätzendes Entgeltsystem für Erzieher*innen sowie für mehr zeitliche und personelle Ressourcen einsetzt. Denn nur dann werden Sie als Erzieher*innen auch dauerhaft die Kapazitäten haben, die notwendigen Veränderungen in Ihrem pädagogischen Alltag voranzutreiben.

Da Sie dieses Buch in den Händen halten, gehören Sie zu denjenigen, die Verantwortung übernehmen wollen, die den mitunter schwierigen Prozess nicht scheuen und die Veränderungen einleiten wollen. Dafür bin ich Ihnen sehr dankbar und wünsche Ihnen viele positive, ermutigende und erfüllende Momente auf diesem Weg.

Anja Küpper

Literatur

Natürlich kann ein einzelnes Bilderbuch nicht den Kurs ändern und Mobbing verhindern. Die im folgenden Kapitel empfohlenen Bücher eignen sich jedoch in besonderer Weise, um Gesprächsanlässe mit den Kindern zu schaffen und die Grundpfeiler der Mobbing-Prävention zu stärken. Und natürlich gibt es noch viel mehr tolle Bücher! Im Anschluss an die Bilderbuchempfehlungen finden Sie hilfreiches Material und Literaturhinweise für Sie als pädagogische Fachkräfte.

Bilderbücher für Krippe und/oder Kita

Adbage, Lisen:
Die Bestimmer.
Beltz & Gelberg, 2020.
Die Themen:
- wie man mit Machtausübung durch andere umgeht
- sich wehren und Nein sagen
- ein Verständnis dafür bekommen, was Mobbing ist

Balsch, Milena:
Glitzer für alle!
Penguin junior, 2022.
Die Themen:
- Authentizität
- Gendersensibilität
- für sich selbst und füreinander einstehen

Behnke, Andrea:
Fell und Federn (mit Fachteil für Erzieher*innen).
Mabuse, 2021.
Die Themen:
- Vielfalt
- für sich und andere einstehen

Bright, Rachel:
Der Löwe in dir.
Magellan, 2016.
Die Themen:
- für sich einstehen und die eigene Stärke und Stimme finden
- Perspektivwechsel

Brosche, Heidemarie:
Hauptsache, wir vertragen uns wieder.
Mvg, 2022.
Die Themen:
- Authentizität
- sich streiten und vertragen
- Perspektivwechsel und Empathie

Brosche, Heidemarie:
Und trotzdem hab ich dich immer lieb.
mvg, 2020.
Die Themen:
- was es heißt, bedingungslos zu lieben
- Abkopplung von Verhalten/Leistung und Zuneigung
- Perspektivwechsel und Empathie

Cave, Kathryn; Ridell, Chris:
Irgendwie Anders.
Oetinger, 1994.
Die Themen:
- Diversität
- Ausgrenzen
- Bedürfnisse
- negative und positive Gefühle
- Inklusion

Dietz, André; Dietz Shari:
Ich bin Mari.
arsEdition, 2022.
Die Themen:
- Inklusion
- Empathie

Doerrfeld, Cori:
Häschen tröstet.
Zuckersüß Verlag, 2019.
Die Themen:
- Bedürfnisse und Gefühle
- Emotionsregulation

Edwards, Nicola:
Ich zeig dir meine Welt.
Penguin junior, 2022.
Das Thema:
- Diversität

Engler, Michael:
Das alles ist Familie.
Arsedition, 2021.
Die Themen:
- Diversität
- verschiedene Lebensmodelle und Familienkonstellationen

Engler, Michael:
Das alles sind Gefühle.
Arsedition, 2022.
Die Themen:
- Gefühle und Bedürfnisse
- Empathie

Engler, Michael:
Das alles sind wir.
Arsedition, 2023.
Die Themen:
- Vielfalt
- Wir-Gefühl

Geisler, Dagmar:
Wie ist das mit dem Ärgern?
Loewe, 2020.
Die Themen:
- Mobbing
- positive und negative Gefühle

Graf, Danielle; Seide, Katja:
Ab nach Hause, Luca!
Beltz und Gelberg, 2023.
Die Themen:
- Bedürfnisse und Gefühle
- Perspektivwechsel und Empathie

Graf, Danielle; Seide, Katja:
Alex, abgeholt!
Beltz und Gelberg, 2022.
Die Themen:
- Bedürfnisse und Gefühle
- Perspektivwechsel und Empathie

Graf, Danielle; Seide, Katja:
Maxi, beeil dich!
Beltz und Gelberg, 2021.
Die Themen:
- Bedürfnisse und Gefühle
- Perspektivwechsel und Empathie

Grimm, Sandra:
Warum gibt es eigentlich Streit?
Carlsen, 2021.
Die Themen:
- Unterschied Streit und Mobbing
- Bedürfnisse
- positive und negative Gefühle

Hartmann, Lisa; Nachtsheim, Katharina:
Wir alle sind Familie.
Sauerländer, 2022.
Die Themen:
- Vielfalt
- verschiedene Lebensmodelle und Familienkonstellationen

Herbst, Lena-Marie:
Genau so, nur anders
(mit Fachteil für Erzieher*innen).
Mabuse, 2021.
Die Themen:
- Vielfalt
- Achtsamkeit

Hödl, Saskia; Amofa-Antwi, Pia:
Steck du mal in meiner Haut!
EMF, 2022.
Die Themen:
- Diversität
- Rassismus
- Empowerment

Imlau, Nora:
Und was fühlst du, Känguru?
Carlsen, 2022.
Die Themen:
- Bedürfnisse
- positive und negative Gefühle
- Emotionsregulation

John, Jory:
Der böse Kern.
Adrian Verlag, 2021.
Die Themen:
- Bedürfnisse
- Ursachen von Gefühlen und Verhalten
- Perspektivwechsel und Empathie

Karimé, Andrea:
Alle-Kinder-Bibel.
Neunkirchener Verlag, 2023.
Die Themen:
- Diversität
- Rassismus
- weltoffener Umgang mit Religion und Glaube.

Kitzing, Constanze:
Ich bin anders als du – ich bin wie du.
Carlsen, 2021.
Die Themen:
- Diversität
- Wir-Gefühl
- Inklusion

Kitzing, Constanze:
Komm, wir zeigen dir unsere Kita.
Carlsen, 2021.
Die Themen:
- Diversität
- Wir-Gefühl
- Inklusion

Klein, Horst; Osberghaus, Monika:
Alle behindert!
Klett Kinderbuch, 2023.
Die Themen:
- Diversität
- Inklusion
- Authentizität und Empathie

Kulot, Daniela:
Zusammen!
Gerstenberg, 2016.
Die Themen:
- Diversität
- Wir-Gefühl

Kunkel, Daniela:
Das Kleine Wir im Kindergarten.
Carlsen, 2021.
Die Themen:
- Diversität
- Wir-Gefühl

Kunkel, Daniela:
Wir alle.
Carlsen, 2022.
Die Themen:
- Diversität
- Wir-Gefühl

Ludwig, Trudy:
Der unsichtbare Junge.
Mentor Verlag, 2023.
Die Themen:
- Empathie
- Empowerment
- Mobbing/Mobbing-Prävention

Reider, Katja:
Bestimmer sein! Wie Elvis die Demokratie erfand.
Hanser, 2021.
Die Themen:
- Partizipation
- Demokratie

Ribeiro, Larissa:
Im Dschungel wird gewählt: So funktioniert Demokratie.
Prestel Verlag, 2020.
Die Themen:
- Partizipation
- Demokratie

Reynolds, Peter:
Trau dich, sag was!
Sauerländer, 2022.
Die Themen:
- Empowerment
- Partizipation
- Demokratie
- entschieden für sich und andere einstehen

Schopf, Sylvia:
Mit dem spielen wir nicht.
Annette Betz, 2014.
Die Themen:
- Ausgrenzen
- Mobbing
- Empowerment
- Bedürfnisse
- negative und positive Gefühle

Schreiber-Wicke, Edith:
Der Neinrich.
Thienemann, 2020.
Die Themen:
- Grenzen und Würde wahren
- für sich (und andere) einstehen
- mutig sein, sich abgrenzen

Serres, Alain:
Ich bin ein Kind und ich habe Rechte.
NordSüdVerlag, 2013.
Die Themen:
- Kinderrechte
- Empowerment

Weeber, Jochen:
Was ist bloß mit Gisbert los?
Patmos, 2020.
Die Themen:
- Mobbing
- Bedürfnisse
- positive und negative Gefühle

Literatur- und Materialhinweise für pädagogische Fachkräfte

Behnke, Andrea:
Ich, du und wir: Kindergeschichten vom Miteinander.
Herder, 2013.

Bestle-Körfer, Regina:
Projekte in der Kita: Gefühle.
Herder, 2022.

Bestle-Körfer, Regina:
Projekte in der Kita: Ich – Du – Wir.
Herder, 2023.

Debatin, Giovanna:
Partizipation in der Kita.
Cornelsen, 2016.

Fischer-Düvel, Gaby; Held, Nina:
Ich spiele, also lerne ich – Freispiel in der Kita sinnvoll begleiten.
Verlag an der Ruhr, 2023.

Grubhofer, Hanna:
Was brauchst du?
Edition Riedenburg, 2019.

Hafner, Verena:
Geschichtensäckchen: Alle Gefühle sind okay!
Verlag an der Ruhr, 2023.

Hubrig, Silke (2023):
Adultismus in der Kita.
Verlag an der Ruhr, 2023.

Kitzing, Constanze:
Wir sind wir! Ein Malbuch für dich und mich.
Carlsen, 2022.

Maywald, Jörg:
Schritt für Schritt zum Kita-Schutzkonzept.
Don Bosco, 2023.

Mesner, Gertraud; Welsch, Beate:
Ferri: Mutig ist, wer Hilfe holt.
Kamishibai-Karten plus Begleitheft.
Don Bosco, 2021.

Schäfer, Christa:
Mitbestimmung für Kita-Kinder.
Verlag an der Ruhr, 2020.

Schmitz, Sybille:
Bedürfnisorientierte Pädagogik in Kita, Hort und Schule.
Don Bosco (Kartenset), 2023.

Schmitz, Sybille:
Ich sehe dich und verstehe, was du brauchst.
Don Bosco, 2022.

Schmitz, Sybille:
Kindliche Bedürfnisse als Mittelpunkt der Kita-Pädagogik.
Don Bosco, 2018.

Schmitz, Sybille:
Kindliche Entwicklung verstehen und begleiten.
Don Bosco (Kartenset), 2022.

Schmitz, Sybille:
Kindliches Verhalten verstehen – Bedürfnisse erkennen.
Don Bosco (Kartenset), 2018.

Schuster, Domenik
LIEBE, WUT und MILCHZÄHNE
und **GOOD ENOUGH PARTENS**
Filme

Simon, Katia:
Du kannst alles sein.
Kartenset. Verlag an der Ruhr, 2023

Simon, Katia:
Kennst du das Gefühl …?
Gesprächsbildkarten.
Verlag an der Ruhr, 2020.

Simon, Katia:
Vielfalt ist unsere Superkraft.
Kartenset. Verlag an der Ruhr, 2023

Sußbauer, Gabriela; Haas, Heike:
Schritt für Schritt zur Kinderrechte-Kita.
Bildkarten. Don Bosco, 2023

Wedewardt, Lea; Homan, Kathrin:
Kinder achtsam und bedürfnisorientiert begleiten.
Verlag Herder, 2021.

Literaturverzeichnis

- *Akademie für Lerncoaching (2017):* Mobbing in der Schule auflösen: Der No Blame Approach, Link: www.youtube.com/watch?v=rOiOH_cJM3Y (aufgerufen am 22.8.2023)
- *Blum, Heike/Beck, Detlef von fairaend Mediation, Konfliktberatung (2023):* No Blame Approach, Link: www.no-blame-approach.de/no_blame_approach.html (aufgerufen am 22.8.2023)
- *Brosche, Heidemarie (2022):* Hauptsache wir vertragen uns wieder. Mvg
- *Brosche, Heidemarie (2020):* Und trotzdem hab ich dich immer lieb. Mvg
- *Bundesministerium für Familie, Senioren, Frauen und Jugend (2019):* Die Rechte der Kinder von logo! einfach erklärt, Link: www.bmfsfj.de/resource/blob/93522/ed8aabee818b27d14a669b04b0fa5beb/die-rechte-der-kinder-logo-data.pdf (aufgerufen am 22.8.2023)
- *Bundesrepublik Deutschland, vertreten durch das Bundesamt für Justiz:* Bürgerliches Gesetzbuch, Link: www.gesetze-im-internet.de/bgb (aufgerufen am 9.8.2023)
- *Bundesrepublik Deutschland, vertreten durch das Bundesamt für Justiz:* Grundgesetz für die Bundesrepublik Deutschland, Link: www.gesetze-im-internet.de/gg/BJNR000010949.html (aufgerufen am 9.8.2023)
- *Bundesrepublik Deutschland, vertreten durch das Bundesamt für Justiz:* Sozialgesetzbuch (SGB) – Achtes Buch (VIII) – Kinder- und Jugendhilfe, Link: www.gesetze-im-internet.de/sgb_8 (aufgerufen am 9.8.2023)
- *Institut für soziale Arbeit e. V., Deutscher Kinderschutzbund Landesverband NRW e. V., Bildungsakademie BiS (Hrsg.) (2019): Kindesvernachlässigung: Erkennen – Beurteilen – Handeln. 7. aktual. Aufl., Münster, Wuppertal*
- *Deutsches Komitee für UNICEF e. V. (Hrsg.) (20.11.1989):* Konvention über die Rechte des Kindes, Link: www.unicef.de/informieren/ueber-uns/fuer-kinderrechte/un-kinderrechtskonvention#pdf (aufgerufen am 9.8.2023)
- *familylab.de, Leitung: de Blum, Heidy (2023):* Unsere Werte, Link: https://familylab.de/das-ist-familylab/unsere-werte?cookie-state-change=1692710304418 (aufgerufen am 22.08.2023)
- *Grossmann, Klaus E.; Grossmann, Karin (Hrsg.) (2003):* Bindung und menschliche Entwicklung. Klett-Cotta
- Kitzing, Constanze (2023): Ich bin anders als du – ich bin wie du. Carlsen
- *Kunkel, Daniela (2021):* DAS kleine WIR im Kindergarten. Carlsen
- *Kunkel, Daniela (2020):* DAS kleine WIR. ZU HAUSE. Carlsen
- *Kunkel, Daniela (2022):* WIR alle. Carlsen
- Maslow, Abraham (1943): A theory of human motivation. Psychological Review, 50(4), S. 370–396
- *Mesner, Gertraud/Welsch, Beate (2021):* Ferri: Mutig ist, wer Hilfe holt! Begleitheft. Don Bosco
- *MS (2011):* Mobbing erhöht Suizidrisiko: Langzeitwirkungen von Mobbing, in: Deutsches Ärzteblatt PP, 1/2011, 10. Januar.2011, S. 25
- *Rosenberg, Marshall B. (2016):* Gewaltfreie Kommunikation. Eine Sprache des Lebens. Junfermann
- *Schmitz, Sybille (2018):* Kindliches Verhalten verstehen – Bedürfnisse erkennen. Don Bosco
- *Schmitz, Sybille (2022):* Ich sehe dich und verstehe, was du brauchst. Don Bosco
- *Strüber, Nicole (2016):* Die erste Bindung – Wie Eltern die Entwicklung des kindlichen Gehirns prägen. Klett-Cotta
- *Strüber, Nicole (2019):* Risiko Kindheit – Die Entwicklung des Gehirns verstehen und Resilienz fördern. Klett-Cotta
- *World Health Organization (Hrsg.) (1994):* Life skills education for children and adolescents in schools. Introduction and Guidelines to Facilitate the Development and Implementation of Life Skills Programmes, Link: https://apps.who.int/iris/bitstream/handle/10665/63552/WHO_MNH_PSF_93.7A_Rev.2.pdf;sequence=1 (aufgerufen am 22.8.2023)

Über die Autorin

Foto: Marion Koell

Anja Küpper ist Diplom-Heilpädagogin mit den Themenschwerpunkten frühkindliche Entwicklung, Bindung und Bedürfnisorientierung. Viele Jahre lang war sie in der interdisziplinären Frühförderung tätig, bildete sich zur Marte Meo-Praktikerin fort und sammelte in der Fachberatung von Erziehungsstellen weitere wertvolle Erfahrungen. Inzwischen berät die zweifache Mutter in ihrer Praxis „Childhood Roots" Eltern und werdende Eltern und arbeitet als Beraterin und Referentin mit Kitas und anderen pädagogischen Einrichtungen zusammen. Darüber hinaus beschäftigt sie sich seit einigen Jahren intensiv mit den Kinderrechten, der Prävention von Mobbing und der Reform des deutschen Bildungssystems. Im Mai 2022 erschien in diesem Zusammenhang der Titel „Vereint gegen Mobbing in der Schule – die 360°-Perspektive", an dem sie unter der Herausgeberschaft von Heidemarie Brosche mitwirkte. Im November 2023 erschien das Buch „Mutmacher im Umgang mit Unterrichtsstörungen – die 360°-Perspektive" unter der Herausgeberschaft von Jeanett Kasten. Des Weiteren veröffentlicht Frau Küpper Texte im jährlich erscheinenden Sonderheft des deutschen Kinderschutzbundes.

Im Internet ist sie unter *anja-kuepper.de* zu finden.